GR 30

TOUR DES LACS D'AUVERGNE

Boucle à partir de la Bourboule
188 km

FÉDÉRATION FRANÇAISE DE LA RANDONNÉE PÉDESTRE
association reconnue d'utilité publique

9, avenue George V
75008 PARIS

Sommaire

4   Plan de situation

6   Tableau des ressources

7   Idées rando

8   La FFRP

8   Réalisation

9   Infos pratiques

17   Le Parc naturel régional des volcans d'Auvergne

18   La région traversée

21   L'itinéraire

64   Index des noms de lieux

Couverture : le lac d'Aydat.
Photo M. Agon.

Le lac de Servières -Ph. M. Agon

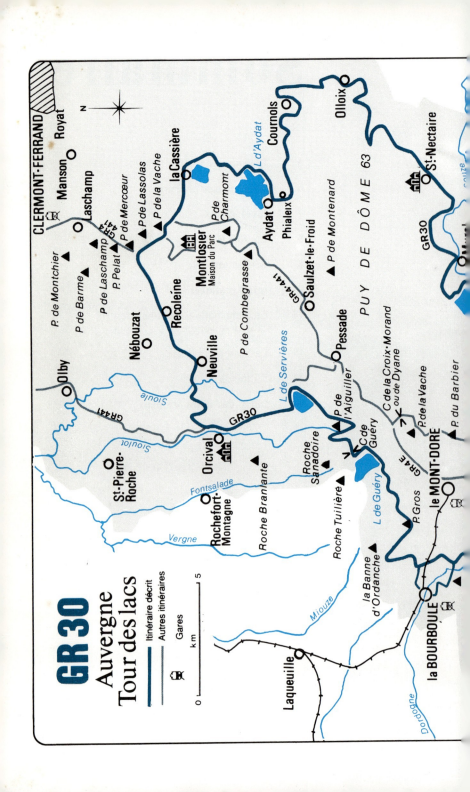

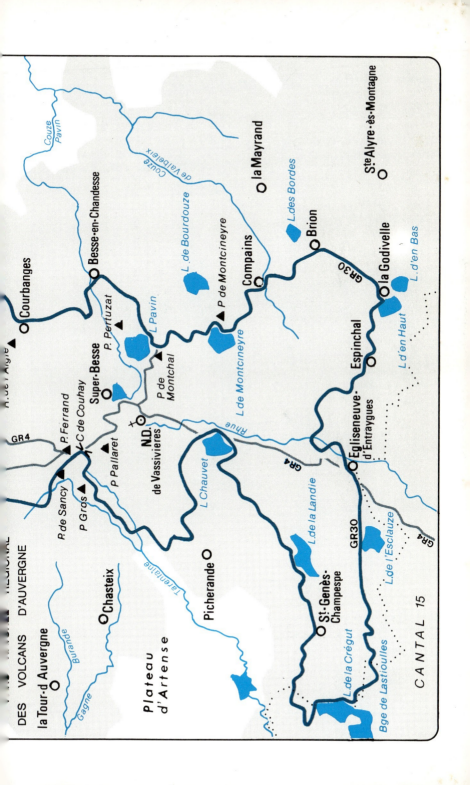

Temps	LOCALITÉS	Pages	🏠	🏘	⛺	🛒	🍴	☕	🚌	🚆
	LA BOURBOULE	21		•	•	•	•	•		•
3.10	LAC DE GUÉRY	23		•			•	•		
3.10	ORCIVAL	27	•	•		•	•	•		
4	CHÂTEAU DE MONTLOSIER	29	•							
2	LA CASSIÈRE	29		•			•	•		
1.10	ROUILLAT-BAS	31		•	•	•	•	•	•	
0.50	AYDAT	31		•	•	•	•	•	•	
0.30	PHIALEIX	33	•							
1.40	COURNOLS	33					•	•		
1.30	OLLOIX	33		•			•	•		
2.10	SAINT-NECTAIRE	37	•	•	•	•	•	•	•	
1.40	MUROL	37		•	•	•	•	•	•	
1.30	LAC CHAMBON	39		•	•	•	•	•	•	
1.30	COURBANGES	39	•							
2.20	BESSE-EN-CHANDESSE	39		•	•	•	•	•	•	
1.20	LAC PAVIN	43					•	•		
1.50	CHAUMIANE	43	•							
0.20	COMPAINS	43		•		•	•	•		
1.30	BRION	45	•					•		
1	LA GODIVELLE	45	•				•			
1.10	ESPINCHAL	49		•	•	•	•	•		
2	ÉGLISENEUVE-D'ENTRAIGUES	49	•	•	•	•	•	•		
4	LAC DE LA CRÉGUT	51			•		•	•		
2	SAINT-GENÈS-CHAMPESPE	55	•	•	•	•	•	•		
3	LAC CHAUVET	55								
2.45	PICHERANDE	57		•	•	•	•	•	•	
1.15	CHAREIRE	57	•					•		
3.15	SUPER-BESSE	59		•	•	•	•	•	•	
3.45	LE MONT-DORE	63		•	•	•	•	•		•
3	LA BOURBOULE	63		•	•	•	•	•		•

🏠 Hôtel   🏘 Relais   🍴 Restaurant   🚆 Gare SNCF
🏠 Gîte d'étape   ⛺ Camping   🛒 Ravitaillement   🚌 Car
🛏 Chambre d'hôte   ☕ Café   ℹ O.T.

Idées rando

D'une longueur de 183 km, la boucle complète peut être parcourue en 10 jours. Les étapes seront découpées en fonction du temps dont on dispose, de sa condition physique et de son mode d'hébergement.

Grâce aux autres GR (GR 4 et GR 41) qui croisent le GR 30, le tour complet peut être fractionné en plusieurs boucles plus petites.

Boucle nord de 7 jours à partir de la Bourboule

— 1re étape : de la Bourboule à la Fontchartoux, 6 h 20.
— 2e étape : de la Fontchartoux à Montlosier, 4 h.
— 3e étape : de Montlosier à Phialeix, 3 h 30.
— 4e étape : de Phialeix à Saint-Nectaire, 5 h 10.
— 5e étape : de Saint-Nectaire à Courbanges, 4 h 30.
— 6e étape : de Courbanges à Super-Besse (GR 41-GR 4), 5 h 30.
— 7e étape : de Super-Besse à la Bourboule, 5 h 45.
Voir pp. 21-43 et 57-63.

Boucle nord de 5 jours à partir de la Bourboule

— 1re étape : de la Bourboule à la Fontchartoux, 6 h 20.
— 2e étape : de la Fontchartoux à Montlosier, 4 h.
— 3e étape : de la Montlosier à Pessade (GR 4), 3 h 45.
— 4e étape : de Pessade au Mont-Dore (GR 4), 3 h 30.
— 5e étape : du Mont-Dore à la Bourboule par le Sancy, 6 h 45.
Voir pp. 21-29, 59-63 et pp. 43-51 du topo-guide du GR 4 (réf. 403).

Boucle de 5 jours à partir de Super-Besse

— 1re étape : de Super-Besse à Chaumiane par GR 41 et lac Pavin, 3 h 45.
— 2e étape : de Chaumiane à Égliseneuve-d'Entraigues, 6 h.
— 3e étape : d'Égliseneuve à Saint-Genès-Champespe, 6 h.
— 4e étape : de Saint-Genès-Champespe à Chareire, 5 h 30.
— 5e étape : de Chareire à Super-Besse, 3 h 15.
Voir pp. 43-59.

Boucle sud de 3 jours à partir de Super-Besse

— 1re étape : de Super-Besse à Chaumiane, 3 h 45.
— 2e étape : de Chaumiane à Égliseneuve, 6 h.
— 3e étape : d'Égliseneuve à Super-Besse par GR 4, 3 h 15.
Voir pp. 43-49 et topo-guide du GR 4 pp. 57-55.

Boucle de 2 jours à partir de Super-Besse

— 1re étape : de Super-Besse à Chareire par le lac Chauvet, 3 h 30.
— 2e étape : de Chareire à Super-Besse, 3 h 15.
Voir pp. 55-57 du topo-guide du GR 4 et 55-57 de ce topo-guide.

La FFRP

Depuis 1947, le Comité National des Sentiers de Grande Randonnée, devenu 30 ans plus tard la Fédération Française de la Randonnée Pédestre, s'est donné pour tâche d'équiper la France d'un réseau d'itinéraires de randonnée pédestre, balisés, entretenus, décrits dans des topo-guides comme celui-ci et ouverts à tous. Ce sont des bénévoles, au nombre de 2 500 à 3 000 en permanence, qui tout au long de ces quarante années d'existence ont créé les 40 000 km de sentiers de grande randonnée, les « GR », maintenant bien connus.
Si la randonnée pédestre a pris en France le développement qu'on lui connaît à l'heure actuelle, si les GR ont acquis la renommée qui leur est reconnue, c'est à eux et à la Fédération qu'on le doit. Depuis quelques années leur action s'est étendue à des itinéraires de petite ou de moyenne randonnée destinés aux randonneurs de week-end et de proximité.
La Fédération, seule ou parfois avec le concours de collectivités locales, édite les topo-guides qui décrivent les itinéraires et mettent en valeur leur attrait sportif ou culturel.
Mais son action désintéressée ne se borne pas là. Elle intervient sans cesse auprès des pouvoirs publics pour la protection et le maintien des chemins et sentiers nécessaires à la randonnée, pour la sauvegarde de l'environnement naturel, pour la promotion de la randonnée, pour la défense des intérêts des randonneurs. Elle regroupe plus de 1 300 associations de randonneurs sur l'ensemble du territoire. Celles-ci font sa force. Randonneurs qui utilisez ce topo-guide, rejoignez-les. Plus vous serez nombreux, plus la Fédération sera forte, plus son audience sera grande et plus elle disposera de moyens pour répondre à votre attente.

Réalisation. L'itinéraire du Tour des Lacs d'Auvergne a été créé en 1974 par une équipe de bénévoles. Le balisage et l'entretien sont actuellement assurés par L. et M. Agon, G. Zarembowitch, J.-Y. Arnaud, Dr Bernard, J. Chalimon, A. Wiedemann, M. Bayard, M. Vincent, J.B. Simonet.
Les renseignements pour la mise à jour de la présente édition ont été fournis par C. Tijou, délégué départemental de la FFRP.

Les photographies de l'intérieur du guide sont de M. Agon (pp. 24, 30, 34, 35, 40, 41, 46, 52), J.-Y. Arnaud (p. 25), C. Durand (p. 30), Estabel (p. 52) et L. Garreau (p. 35).

Coordination éditoriale : Isabelle Daguin. **Secrétariat de rédaction :** Philippe Lambert. **Cartographie :** Olivier Cariot et Serge Sineux.

Infos pratiques

Le guide et son utilisation

La description de l'itinéraire est présentée en regard de la reproduction de la carte IGN au 1 : 50 000 correspondante où le tracé du sentier est porté en surcharge couleur.
En règle générale, les cartes sont orientées Nord-Sud (le Nord étant donc en haut de la carte).
Sur les cartes et dans la description des itinéraires, à côté de certains points de passage, sont mentionnés des repères ; ils permettent de situer ces lieux avec plus de précision.
Un plan de situation permettant de localiser les itinéraires est présenté en pages 4-5.
Un tableau des ressources, en p. 6, recense une grande partie des ressources d'ordre économique pouvant intéresser les randonneurs.

Adresses utiles

- *Sentiers et randonnée,* Centre d'information de la FFRP, 64, rue de Gergovie, 75014 Paris, ☎ 45 45 31 02.
- CHAMINA
  Randonnée Massif Central
  5, rue Pierre-le-Vénérable, 63000 Clermont-Ferrand, ☎ 73 92 81 44.
- Parc naturel régional des Volcans d'Auvergne
  Château de Montlosier, Randanne, 63970 Aydat, ☎ 73 65 67 19.
- Comité régional de tourisme
  45, avenue Julien, BP 395, 63011 Clermont-Ferrand, ☎ 73 93 65 50 ou 73 93 04 03.
- Comité départemental de tourisme du Puy-de-Dôme
  26, rue St-Esprit, 63038 Clermont-Ferrand Cedex, ☎ 73 42 21 23.
- Office de tourisme de Clermont-Ferrand
  69, boulevard Gergovia, ☎ 73 93 30 20.
- Association départementale de tourisme équestre
  Centre équestre de Zanières, 63420 Apchat, ☎ 73 71 84 30.
- Maison de la Région Auvergne
  194 bis, rue de Rivoli, 75001 Paris, ☎ 42 61 82 38.
- Gendarmerie peloton de montagne
  Super-Besse, ☎ 73 79 60 36.
- Météorologie (messages enregistrés)
  Prévisions régionales, ☎ 36 68 02 63.
- Centre d'information Jeunesse-Auvergne
  8, place Régensbourg, 63000 Clermont-Ferrand, ☎ 73 35 10 10.

- Maison des Fromages d'Auvergne
  63850 Égliseneuve-d'Entraigues, ☎ 73 71 93 69.
- Syndicat d'initiative de la Bourboule (63150)
  place de la République, ☎ 73 81 07 99.
- Office du tourisme du Mont-Dore (63240)
  BP 96, ☎ 73 65 20 21.
- Office du tourisme de Besse-et-Saint-Anastasie
  Place du Dr-Pipet, ☎ 73 79 62 92.
- Syndicat d'initiative de Saint-Nectaire (63710)
  ☎ 73 88 50 86.

Balisage et itinéraire

Le parcours correspond à la description qui est faite dans le topo-guide. Toutefois, dans le cas de modifications d'itinéraire (rendues nécessaires par l'exploitation agricole ou forestière, le remembrement, les travaux routiers), il faut suivre le nouveau balisage qui ne correspond plus alors à la description. Ces modifications sont publiées, quand elles ont une certaine importance, dans la revue *Randonnée Magazine*.

Les renseignements fournis dans le topo-guide et par le jalonnement, exacts au moment de l'édition de cet ouvrage, ne sont donnés qu'à titre indicatif et n'engagent en aucune manière la responsabilité de la FFRP.

Difficultés

Itinéraire de moyenne montagne, évoluant entre 800 et 1 800 m d'altitude, le tracé retenu ne présente aucune difficulté ; il est à la portée de tout randonneur habitué à la marche en terrain varié et au port du sac à dos. Le franchissement du massif du Sancy présente cependant un caractère montagneux plus accentué qui nécessite quelque attention par mauvais temps (orages, brouillards subits) et en début de saison (névés).

Époque

Compte tenu de l'altitude, le Tour des Lacs d'Auvergne est praticable d'Orcival à Courbanges d'avril à décembre, et de Courbanges à Orcival de mai-juin à novembre, en année normale.

Les gîtes d'étape qui équipent l'itinéraire sont pour la plupart, ouverts toute l'année. Toutefois, lorsque le massif est enneigé, le passage entre le puy de Sancy et le puy Chabanne par le pas de l'Ane est impraticable.

Les meilleures époques sont : le mois de juin pour la floraison en altitude et la période mi-septembre — mi-novembre pour les teintes d'automne et les belles journées lumineuses et ensoleillées.

Équipement

Le climat auvergnat est rude, malgré l'altitude relativement faible des reliefs ; il est aussi changeant. Il est indispensable de prévoir, même en été, des vêtements chauds et imperméables, ainsi que de bonnes chaussures de marche, montantes et étanches (chemins creux mal entretenus servant à l'écoulement des eaux, zones humides et tourbeuses...).

Il sera prudent de se munir d'une boussole en raison des brouillards fréquents et soudains qui peuvent tomber dans les zones les moins peuplées de l'itinéraire (massifs montagneux, hauts plateaux dénudés où le GR n'emprunte pas toujours des chemins très marqués). A cet égard, et malgré la présence de flèches directionnelles, certains tronçons peuvent être particulièrement délicats par mauvais temps.

Grands espaces inhabités et possibilités d'erreur de parcours exigent d'emporter avec soi quelques vivres d'avance.

Il est conseillé de lire le *Guide pratique du Randonneur*, édité par la FFRP.

Temps de marche

Les temps de marche indiqués dans le présent ouvrage sont, sauf exceptions dûment motivées, ceux qui correspondent à une marche effective (sans pause ni arrêt par conséquent), accomplie à la vitesse de 4 km à l'heure environ en plaine. Chacun doit donc interpréter ces temps en fonction de son chargement (campeurs en particulier) et de ses capacités physiques. Sur sentiers secs et non enneigés de montagne, le calcul est différent : il faut compter 300 m à la montée, 400 à 500 m à la descente pour un randonneur moyen et peu chargé.

Cartographie

Bien que le tracé soit porté, dans les pages qui suivent, sur des extraits de cartes au 1:50 000 de l'Institut géographique national, les cartes suivantes sont utiles :

- Cartes IGN au 1:25 000 n°s 2432 ET, 2531 ET, 2434 OT et 2534 OT.
- Carte touristique IGN au 1:100 000 n° 49 Aurillac — Clermont-Ferrand.
- Cartes Michelin au 1:200 000 n° 73 et 76.
- Carte touristique IGN au 1:250 000 n° 111 Auvergne.

La FFRP-CNSGR ne vend pas ces cartes. Pour se les procurer s'adresser :
- pour les cartes Michelin : aux librairies et papeteries ;
- pour les cartes IGN à l'Institut Géographique National :

— *Espace IGN*, 107, rue de la Boétie, 75008 Paris, ☎ 43 98 85 00 pour les achats directs et les renseignements ;

— Agents de vente régionaux de l'IGN, librairies et papeteries figurant sur la liste dressée par l'IGN.

Sites classés et inscrits

Les sites classés sont indiqués sur les cartes de ce topo-guide par des hachures en surcharge couleur.

Ces renseignements ont été fournis par la Direction de l'Architecture et de l'Urbanisme (ministère de l'Équipement, du Logement, de l'Aménagement du territoire et des Transports).

Circuits de petite randonnée (PR)

Tout au long du Tour des Lacs, le randonneur rencontrera des marques de couleur bleue, jaune ou verte qui jalonnent les circuits de Petite Randonnée réalisés par CHAMINA. Ces itinéraires circulaires sont décrits dans les guides suivants :
- 38 circuits de PR dans le Massif du Sancy-Artense (1989).
- 34 circuits de PR dans la chaîne des Puys (1989).

Il est à noter que ces circuits de PR ne sont balisés que dans un sens.

Recommandations

Cet itinéraire pédestre traverse des territoires particulièrement sensibles qui peuvent être victimes du succès qu'ils rencontrent près de touristes qui les fréquentent chaque année plus nombreux. Respectons-les, faisons-les respecter pour qu'ils restent accueillants et reposants, pour que tous puissent en jouir en toute intelligence avec ceux qui en tirent leur subsistance : agriculteurs, forestiers, bergers...

Le randonneur veillera en particulier à ne laisser sur place aucun détritus, même dégradable ; les enterrer n'est pas la meilleure solution sur un itinéraire fréquenté : mieux vaut les transporter avec soi jusqu'à une poubelle.

Les propriétés privées doivent être respectées et notamment les prairies de fauche, dont les citadins méconnaissent souvent la valeur ; l'itinéraire traverse parfois des parcelles clôturées : les barrières qui ne seraient pas aussitôt refermées pourraient livrer le passage à des troupeaux, ce qui pourrait avoir des conséquences imprévisibles.

Les moutons, encore plus que les vaches, sont facilement affolés par la présence de chiens en liberté qui peuvent provoquer la précipitation des animaux apeurés dans les ravins. Les propriétaires de chiens sont responsables des accidents qui pourraient survenir aux troupeaux. Il leur est donc demandé de tenir leurs animaux en laisse.

Se rappeler qu'il est interdit de fumer et de faire du feu en forêt ou dans les landes, vulnérables en période estivale. Camper en dehors des terrains aménagés ou prévus à cet effet n'est jamais un droit : demander l'autorisation aux habitations les plus proches. Songer enfin que les troupeaux n'apprécient guère les détergents ou le savon laissés dans les abreuvoirs et fontaines de villages par des randonneurs venus y nettoyer leur vaisselle ou procéder à des ablutions !

Conduisez-vous partout en invité discret dans ce milieu rural qui vous accueille, en y respectant les usages et les coutumes. Sachez que vous êtes partout chez quelqu'un.

Avertissement aux équestres et aux VTT

Certains tronçons du GR 30 ne sont pas praticables à cheval ou en VTT en raison de la dénivelée ou de l'exiguïté du sentier, de nombreux barbelés infranchissables et de propriétés privées n'ayant donné leur accord que pour un passage pédestre. Ces secteurs impraticables sont :

— du puy Gros au lac de Servières ;
— du château de Murol au lac Chambon ;
— de la forêt de Courbanges au Gelat (lac Pavin) ;
— du bois des Fraux (lac Pavin) à Chaumiane ;
— de Brion à la Godivelle ;
— d'Espinchal à la cascade d'Entraigues ;
— des Chirouzes à Chabrol ;
— de la Landie au lac Chauvet ;
— du pont de Clamouze à Chareire ;
— les crêtes du Sancy, la montagne de Bozat jusqu'au D 213.

Le GR 30 est donc impraticable de Murol au lac Servières par le Sancy.

L'Association départementale de tourisme équestre du Puy-de-Dôme peut renseigner sur les pistes équestres balisées.

Bibliographie

- *Gîtes et refuges*, A. et S. Mouraret, éd. La Cadole, 78140 Vélizy.
- *Randonnée pédestre*, A.-M. Minvielle, éd. Laffont-FFRP.
- *Le Massif Central,* Guy Bouet et André Fel, Atlas et géographie de la France moderne (Flammarion).
- *Les Monts d'Auvergne*, collectif d'auteurs sous la direction de Pierre Bressollette (éd. Privat).
- *En parcourant le Puy-de-Dôme*, P. Lapadu-Hargues (éd. Plein Air Service).
- *Les Volcans d'Auvergne*, Aimé Rudel (éd. Volcans).
- Les publications du Parc naturel régional des Volcans d'Auvergne.
- *Le Massif du Mont-Dore*, Robert Brousse, collection « A la Découverte » (éd. G. de Bussac).
- *Le Colporteur*, catalogue annuel de la randonnée dans le Massif Central (CHAMINA).
- *Le Massif Central : les 100 plus belles courses et randonnées*, Annick et Serge Mouraret, (coll. Créer chez Denoël).
- *Fleurs D'Auvergne*, E. Grenier, Ch. le Minor (éd. SAEP).
- *Auvergne*, guide couleurs Delpal (éd. Nathan).
- *A la découverte des fleurs sauvages du massif du Sancy*, Paul Rozier, petit guide de poche.
- *Les Volcans d'Auvergne et du Velay*, F. Graveline et F. Debaisieux (éd. Solar).
- *Maisons paysannes et vie traditionnelle en Auvergne*, R. Ondet, L. Breuillé, R. Dumas, P. Trapon (éd. Créer).
- *La Tour d'Auvergne et sa région*, Albert Vazeille.
- *Murol, son château, ses environs*, du Halgouet et Auserve (de Bussac).

- *Besse, les lacs mont Doriens*, Luc Olivier (de Bussac).
- *Auvergne romane*, B. Craplet (Zodiaque).
- *Églises romanes en Auvergne*, B. Craplet (de Bussac).
- *Histoire de l'Auvergne*, direction A.G. Manry (Privat).
- *Volcanologie de la chaîne des Puys*, Camus, de Goer, Hervé Kieffer, Mergoil Vincent (Parc naturel régional des volcans d'Auvergne).
- *Le Mont-Dore et ses environs*, H. Lecoq (Veysset).
- *La maison rurale en Auvergne*, J.P. Marty (Créer).
- *Introduction aux civilisations régionales*, Grand dictionnaire français-auvergnat, P. Bonnaud (CRDP Auvernhà Tarà d'Oc).
- *L'Auvergne et le Velay*, L. Gachon, éd. Maisonneuve et Larose.
- *Traditions d'Auvergne*, Annette Pourrat (éd. Marabout).
- *Le Puy-de-Dôme*, P.F. Aleil et H. Biscarrat (SAEP).
- *Précis de géomorphologie*, M. Derruau (Masson et Cie).
- *Auvergne*, Guide bleu (Hachette).
- *Le Puy-de-Dôme : l'art et la nature de ses 470 communes*, M. de la Torre (Nathan).
- *Sancy Haute-Dordogne*, collection Voir et Savoir, CHAMINA.
- *Sancy Ouest-Artense*, collection Voir et Savoir, CHAMINA.

Transports

Trains

La Bourboule est la seule localité desservie par chemin de fer ; ses nombreux commerces et services en font une intéressante base de départ. Le gîte d'étape du Gibeaudet est situé sur le GR, à environ 3 km du centre-ville. Pour s'y rendre, rejoindre par la route le village du Pregnoux ; le traverser pour emprunter sur sa gauche le chemin, très raviné au départ, qui mène au buron du Gibeaudet.

- Gare SNCF de la Bourboule, ☎ 73 81 03 64.

Autocars

L'accès au GR 30 est possible en autocars en plusieurs points, au départ notamment de Clermont-Ferrand. Une ligne régulière dessert Saint-Nectaire, Murol, Besse et Super-Besse.

Renseignements : gare routière de Clermont, ☎ 73 92 13 61.

On peut rejoindre à pied le Tour des Lacs au départ de l'agglomération Clermontoise : prendre le bus urbain de la T 2C, ligne n° 4 direction Ceyrat arrêt Préguille. De là, par un agréable parcours d'une quinzaine de kilomètres, balisé (ancien GR 331), on rejoint le GR 30 près du puy de Lassolas (voir p. 29).

Aéroports

- Air Inter : renseignements-réservations, 69, bd Gergovia, ☎ 73 62 71 81.
- Aéroport de Clermont-Aulnat, ☎ 73 62 71 00.

Hébergements

Auberges de jeunesse

Un protocole d'accord a été signé entre la Fédération Unie des Auberges de Jeunesse (FUAJ) et la FFRP. En vertu de ce protocole, les auberges de la FUAJ sont tenues de recevoir les randonneurs suivant les possibilités de places dont elles disposent. Les randonneurs de plus de 18 ans feront apposer dans la première auberge de jeunesse qu'ils utiliseront un timbre « Auberge de jeunesse » (16 F en 1993) sur leur carte de membre d'une association membre de la FFRP. Le coût de l'adhésion à la FUAJ étant égal à celui de la vignette pour les moins de 18 ans, ceux-ci ont avantage à adhérer, ce qui leur donne accès aux auberges étrangères.

Gîtes d'étape et relais

Les gîtes d'étape sont des hébergements réservés exclusivement aux randonneurs itinérants non motorisés. Ils se composent le plus souvent :
— d'une salle commune avec coin-cuisine équipée de matériel collectif (matériel de cuisson et de cuisine, évier, tables, chaises ou bancs, placards) et cheminée,
— d'un équipement sanitaire complet (wc, douches et points d'eau),
— d'un dortoir (ou de petites chambres) équipé de lits ou de bat-flanc avec matelas et couvertures,
— d'emplacements de rangement pour objets personnels.
Les relais d'étape comportent des équipements plus sommaires (couchette ou lit avec couverture, pas ou peu de possibilités de cuisine, sanitaire sommaire).
La réservation est obligatoire pour les groupes de 6 personnes et plus. Elle se fait auprès de CHAMINA qui la transmet aux propriétaires des gîtes d'étape, au moins 15 jours avant la randonnée. Pour moins de 6 personnes, la réservation est également possible.
Chaque année, en début de saison, CHAMINA tient à la disposition des randonneurs la liste des gîtes d'étape et relais incluse dans le Colporteur (frais d'envoi : se renseigner auprès de CHAMINA).
Pour tout renseignement s'adresser à : CHAMINA (voir adresses utiles).
Le système est actuellement en cours d'évolution pour s'adapter au nouveau label *Rando Plume* qui désignera les gîtes labellisés au niveau national par l'association GRAND ACCUEIL.

Liste des hébergements

- Orcival/La Fonchartoux : gîte d'étape, 30 places.
M. Perière, la Fontchartoux, 63210 Orcival, ☎ 73 65 83 04.
- Laschamp : gîte d'étape (à 4 km du GR 30 par le GR 441), 30 places, ouvert toute l'année.
Mme Andant, Laschamp, 63110 Beaumont, ☎ 73 62 12 15.
- Montlosier : gîte d'étape, 14 places, ouvert du 15 juin au 30 septembre.
Parc des Volcans, château de Montlosier, Randanne, 63970 Aydat, ☎ 73 65 67 19.
- Phialeix : gîte d'étape, 30 places, ouvert du 1er avril au 31 octobre.
M. et Mme Anglaret, Phialeix, 63970 Aydat, ☎ 73 79 32 43.
- Saint-Nectaire : gîte d'étape, 35 places, ouvert du 1er avril au 1er novembre.
M. et Mme de Rigny, le Clos du Vallon, 63710 Saint-Nectaire, ☎ 73 88 50 92.
- Courbanges : gîte d'étape, 30 places (15 en hiver).
M. Matte, Courbanges, 63790 Saint-Victor-la-Rivière, ☎ 73 88 65 69.
- Chaumiane : gîte d'étape, 30 places.
Mme Roux, Chaumiane, 63610 Compains, ☎ 73 71 21 05.
- Égliseneuve-d'Entraigues : gîte d'étape, 30 places.
M. Besson, 63850 Égliseneuve-d'Entraigues, ☎ 73 71 94 76.
- Saint-Genès-Champespe : gîte d'étape, 30 places, ouvert du 1er mai au 31 octobre.
M. Chauvet, 63850 Saint-Genès-Champespe, ☎ 73 22 34 88.
- Chareire : gîte d'étape, 30 places.
Mme Besson, Chareire, 63113 Picherande, ☎ 73 22 31 17.
- Pessade : gîte d'étape (à 4 km du GR 30 par le GR 441), 30 places.
Mme Pélissier, Pessade, 63970 Saulzet-le-Froid, ☎ 73 79 31 07.
- Le Mont-Dore (station du Sancy) : auberge de jeunesse.
Route de Sancy, 63240 Le Mont Dore, ☎ 73 65 03 53.
- Brion : gîte d'étape, 18 places.
Mairie, 63610 Compains, réservations ☎ 73 71 21 31.
- La Godivelle : gîte d'étape, 21 places.
M. Bouarame, Mme Lavalle, 63850 Égliseneuve-d'Entraigues, ☎ 73 71 92 60.

RANDONNÉE *magazine*

CHEZ VOTRE MARCHAND DE JOURNAUX

Parc naturel régional des volcans d'Auvergne

Un pays de lacs et de volcans

Sur près de 350 000 ha, il s'étend sur cinq régions naturelles, les Monts-Dore, la chaîne des Puys, le Cézalier, le Cantal et l'Artense, et recouvre des paysages issus pour la plupart de la fantaisie des manifestations éruptives.

Un pays d'histoire et de traditions

Riche en témoignage du passé avec ses églises d'art roman ou ses châteaux forts, et son patrimoine rural.

Une terre d'accueil pour le ski de fond

Grâce aux zones nordiques présentant :
— un hébergement de qualité ;
— des pistes et des itinéraires tracés et balisés ;
— des portes d'accueil au départ des pistes avec tous les services.
Documentation sur demande.

Des expositions et diaporamas dans les Centres d'Informations et Maisons du Parc

— A Volvic, la Maison de la Pierre (tous les jours, sauf le mardi) du 15 mars au 15 novembre. Carte Michelin n° 73, pli 14.
— A Volvic, la Maison du Miel (tous les jours) du 1re mai au 30 septembre. Carte Michelin n° 73, pli 14.
— A Égliseneuve-d'Entraigues, la Maison des Fromages d'Auvergne (tous les jours) du 15 juin au 30 septembre. Carte Michelin n° 76, pli 3.
— A Riom-ès-Montagnes (Cantal), la Maison de la Gentiane et de la Flore (tous les jours) du 15 juin au 30 septebmre. Carte Michelin n° 76, pli 2.
— A Laveissière (Cantal), route du Lioran, la Maison du Buronnier (tous les jours, sauf mardi) du 15 juin au 30 septembre. Carte Michelin n° 76, pli 3.
— A Montlosier, siège du Parc (Randanne, Aydat), au Centre d'Information, du 15 juin au 30 septembre.

Montlosier-près-Randanne, commune d'Audat, 63970 Aydat, ☎ 73 65 67 19.

La région

Les lacs

Habitués à compter en millions d'années, les géologues les trouvent tout récents, ces lacs qui n'ont que quelques millénaires. Plusieurs sont les cadeaux des glaciers qui couronnaient autrefois les grands massifs auvergnats et descendaient loin dans les vallées ; on doit les autres au volcanisme qui tirait ses derniers feux d'artifices dans la chaîne des Puys, en y ajoutant quelques pétards disséminés sur les vastes flancs des monts Dore ou du Cantal.

Les volcans ont plusieurs façons d'engendrer les lacs. Par exemple, après l'éruption, le cratère peut se remplir d'eau. Pourtant les beaux entonnoirs de la chaîne des Puys ont leur fond parfaitement sec, car les grands cônes volcaniques qu'ils terminent ne sont qu'un amoncellement de « pouzzolanes » (cendres scoriacées ressemblant à du mâchefer), bien incapables de retenir l'eau de pluie qui s'y infiltre immédiatement. Mais il y a cratère et cratère : l'éruption volcanique se manifeste parfois par de formidables explosions gazeuses, perçant comme à l'emporte-pièce les roches les plus dures, dont les fragments brisés ou pulvérisés jonchent les environs car ils ne retombent pas tous dans le cratère. Celui-ci subsiste sous la forme d'un trou rond et profond, aux parois à peu près verticales. Un tel « cratère d'explosion » (c'est son nom scientifique), creusé cette fois en pleine roche massive, se remplit d'eau par la suite et se transforme en lac.

Il arrive aussi qu'une coulée de lave descende d'un volcan et vienne occuper le fond d'une vallée. Les eaux du cours d'eau ainsi barré sont retenues à l'amont de l'obstacle, en un lac plus grand et de forme moins régulière que les précédents.

Les glaciers travaillent tout autrement. Ces puissants rabots creusent le terrain sur lequel ils progressent, mais irrégulièrement, avec des creux et des bosses, plus ou moins marqués, suivant la résistance des roches (surface « moutonnée »). Après retrait des glaces, des lacs s'installent dans les parties surcreusées. Parfois même, si un banc dur est traversé par la vallée qu'emprunte un glacier, ce dernier le met en relief et en fait un « verrou », véritable barrage rocheux en travers de la classique vallée en berceau ou en auge que modèle ce type d'érosion. Plus tard, une fois les glaciers fondus, ce verrou retiendra les eaux d'un lac.

Il était grand temps que nous soyons là pour les admirer, ces petits bijoux qui parent le beau visage un peu austère de l'Auvergne. Si nous n'étions venus que dans quelques milliers d'années, ç'aurait été trop tard. Dans l'évolution du relief, les lacs n'ont qu'un temps, assez bref. Le cours d'eau qui souvent s'en échappe et sert de trop-plein approfondit sa vallée, entaille de plus en plus le bord de la cuvette lacustre et fait ainsi baisser le niveau de l'eau. Quant aux ruisseaux qui s'y jettent, ils accumulent à leur embouchure, surtout au moment des crues, galets, sable et boue qui comblent petit à petit le lac. Soutiré à l'aval, remblayé à l'amont, comment le pauvre subsisterait-il indéfiniment ?

En montagne intervient encore autre chose. Beaucoup de petits lacs creusés par les glaces sont peu profonds. En bordure prolifèrent des mousses très spéciales, les sphaignes, qui ne se plaisent que dans les eaux froides, et dont

traversée

l'accumulation engendre la tourbe. Il s'y associe d'ailleurs toute une flore curieuse et une faune d'animalcules adaptés à ce milieu. Ainsi, petit à petit, se forme autour du lac une ceinture de tourbière, marécage au sol tremblant où l'on risque d'enfoncer profondément, et qui grignote progressivement l'étendue d'eau libre, jusqu'à la résorber plus ou moins complètement. Chargée d'humus, l'eau des lacs bordés de tourbe a souvent une couleur un peu brunâtre.

Au lendemain des extensions glaciaires et des éruptions volcaniques, les lacs en Auvergne étaient donc plus nombreux que maintenant. Les uns ont disparu, ou ne sont plus que des marécages tourbeux, et les autres ont perdu de leur surface ou de leur profondeur. Mais il en reste assez pour notre joie.

J. Peterlongo
de l'Université de Clermont-Ferrand

Les monts Dore

Les monts Dore se présentent comme un vrai massif montagneux au relief accusé — le Sancy (1 885 m) est le point culminant du Massif Central —. Il est découpé par des vallées abruptes. Beaucoup d'entre elles ont gardé le tracé des glaciers qui occupèrent, il y a encore peu de temps, ces montagnes. Une très grande variété de roches volcaniques se rencontrent dans les monts Dore depuis les types très clairs et riches en silice, comme à Lusclade (rhyolite), jusqu'aux basaltes très noirs qui couronnent les plateaux séparant les vallées. A côté des coulées, on remarquera aussi des extrusions plus ou moins démantelées telles les fameuses Roches Tuilière et Sanadoire. Enfin, des émissions de ponces, cendres et scories ont aussi eu lieu. Ce dernier matériau peu cohérent alternant avec laves et extrusions dures et compactes a été, avec l'intense érosion qui attaque ce massif, l'une des causes de sa morphologie si heurtée (vallée de Chaudefour).

Ce volcanisme des monts Dore correspond à un système complexe mais bien groupé. Il est axé autour d'une fosse d'effondrement circulaire de quelques kilomètres de diamètre entièrement remplie par des matériaux meubles et correspondant à une phase explosive dans l'activité de ce système. Cette fosse est fortement alimentée, à partir des zones profondes, en eaux thermales et minérales et c'est là l'origine du thermalisme intense de cette région de l'Auvergne.

Bien que d'époque récente — au sens géologique du terme : fin des temps tertiaires — l'érosion a déjà fortement attaqué les monts Dore où s'engagent les vallées encaissées. Sur les flancs Est et Nord, ce sont les Couzes et la Sioule, tributaires de l'Allier. Les autres faces — à l'Ouest et au Sud — appartiennent au système de la Dordogne et de ses affluents : Tarentaine, Rhue, etc.

P. Lapadu-Hargues
de l'Université de Clermont-Ferrand

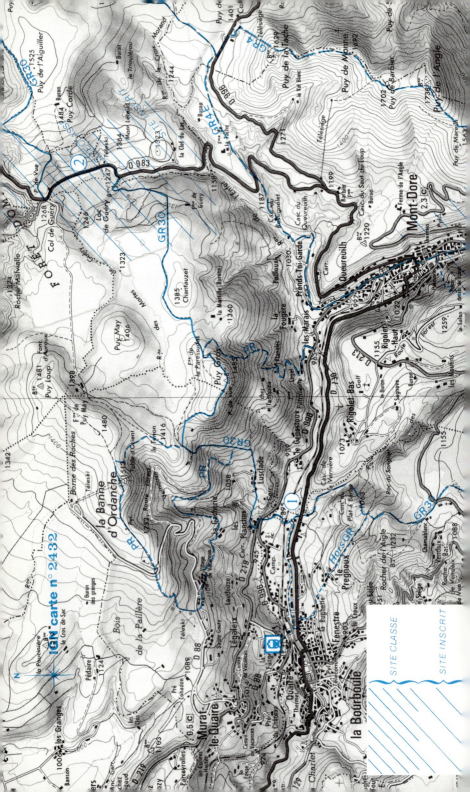

L'itinéraire

① La Bourboule - D 130 • 853 m

Un itinéraire d'accès au GR est balisé sur la D 996 entre la gare et les Planches.

Ce tronçon débute sur le D 130 devant le chemin de la Vernière *(camping des cascades et des Pradilloux, cabine téléphonique).*
Traverser le pont sur la Dordogne, contourner le bâtiment de l'Équipement.

> **Hors GR : 20 mn • la Bourboule-centre**
>
>
>
> En continuant la rue, on passe devant un centre commercial, puis on atteint en 1,5 km le centre-ville de la Bourboule.

Quitter la rue pour tourner à droite et traverser la voie ferrée par un portillon. Atteindre le D 996 au hameau des Planches. Prendre en face sur 50 m puis l'ancienne coursière à droite qui s'élève jusqu'à Lusclade. Traverser le village, continuer dans le même axe, puis s'orienter au nord pour, à travers la hêtraie, commencer la montée au puy Gros. Peu avant le col entre le Tenon et le puy Gros, obliquer à droite vers des burons en ruines.

La Banne d'Ordanche est une appellation que l'on peut considérer soit comme un correctif, soit comme une surenchère. Banne est en effet, un rajout récent et en 1282, la montagne s'appelait *Ordencha* un mot à deux racines celtiques, de *Ord*, marteau, et *Inca* le suffixe, pour domaine : le domaine du marteau. Ce marteau était-il méconnaissable et a-t-on préféré voir dans la montagne, une corne « bana », ou le sommet était-il en limite, « à la corne » du domaine du marteau ? En effet on dit encore « la banne de la vache » et au temps des grandes chaleurs et de la fenaison, on boit de « bonnes bannades » comme si l'on usait d'une corne évidée, d'une corne d'abondance à bon marché.

Tourner à droite et suivre le sentier qui grimpe au puy Gros. Continuer le sentier qui descend vers l'est ; laisser un sentier à droite à mi-pente *(PR qui descend au Mont-Dore)* et rejoindre, en obliquant à gauche, une clôture. Descendre à droite jusqu'à un ru et un petit marécage, traverser une clôture et s'engager sur le chemin à gauche qui contourne le puy de Chantauzet. Le suivre jusqu'à ce qu'il s'oriente au sud, le quitter avant qu'il ne franchisse les barbelés pour, toujours à l'est, suivre la clôture. Arrivé en haut du pâturage, redescendre le long de la forêt d'épicéas, jusqu'à l'intersection avec une voie forestière empierrée que l'on emprunte par la gauche pour arriver au ② **lac de Guéry.**

② **9,5 km • 3 h 10 • lac de Guéry • 1 247 m**

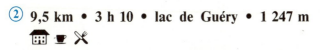

Au lac de Guéry, le GR 30 suit le D 983 vers la gauche jusqu'au col de Guéry (1 268 m).

> **Hors GR :** à 250 m, panorama sur les roches Tuilière et Sanadoire
>
> Sur la première apparaissent des colonnes prismatiques de trachyte, disposées en gerbes rayonnantes. La seconde, vestige d'un cône volcanique, portait en son sommet un château qui, jusqu'au 15ᵉ siècle servit de refuge aux routiers terrorisant la contrée durant la Guerre de Cent Ans. Il peut paraître surprenant que Sanadoire ait pu supporter une forteresse, même de dimension modeste. On peut supposer qu'un ébranlement a diminué de beaucoup sa surface et sa sommité. Le tremblement de terre de 1477 en est peut-être responsable, lui qui secoua si violemment la région, endommageant gravement l'église romane d'Orcival. Cette secousse fut suivie d'une autre, plus forte encore, en 1490 (R. Brousse).

Prendre à droite un chemin montant dans un bois d'épicéas. A la sortie de la forêt suivre la clôture qui s'élève en face à gauche *(propriété privée)*. Elle se divise en deux : longer alors la clôture de gauche et monter par un ancien chemin qui suit le rebord du plateau et débouche au col de l'Ouire (1 436 m). Obliquer à droite.

⚠ Le GR passe dans une propriété privée jusqu'au lac de Servières. Bien suivre le balisage, ne pas s'éloigner de la crête. Cette autorisation de passage n'est valable que pour les randonneurs pédestres.

Le GR grimpe, suit le rebord du plateau puis la lisière supérieure de la forêt jusqu'au puy de Combe-Perret. Tourner à droite et suivre toujours la lisière du bois jusqu'au lac de Servières. Le contourner par la droite jusqu'aux chalets.

6 km • 1 h 50 • lac de Servières • 1 203 m

L'itinéraire du GR 30 est commun avec le **GR 441**.

> **Par le GR 441 (est) : 1 h • Pessade**
>
>

Après le dernier chalet du lac de Servières, prendre un chemin à droite dans le bois et 200 m après, tourner à gauche à angle droit. 500 m plus loin, on coupe le D 983 ; suivre en face un chemin d'exploitation qui traverse le bois. A son extrémité, prendre à gauche sur 100 m, puis à droite un chemin empierré rejoignant le D 74 que l'on emprunte à gauche sur 100 m ; le quitter pour prendre à droite à angle aigu, un chemin qui passe devant la ferme de la Fontchartoux *(gîte d'étape)*, descend sur une route qui, par la droite mène à ③ **Orcival**.

Le lac de Guéry couvre une superficie de 22 hectares ; sa profondeur moyenne est de 6 m mais elle peut atteindre 23 m en quelques points. Situé à une altitude de 1 247 m, il est le plus élevé de tous les lacs que relie le GR 30.

Le lac de Guéry est retenu en aval par une petite coulée (elle-même renforcée par une digue).

Il est alimenté par de nombreuses sources et un torrent qui descend du puy Gros et de la Banne d'Ordanche.

Son altitude et sa situation à proximité d'un col qui porte son nom l'exposent à l'action des froids intenses. Il reste emprisonné sous les glaces souvent plus de six mois, de novembre à mai.

Entre le lac de Guéry et le lac Servières, le GR 30 traverse le groupe volcanique de l'Aiguiller qui est lui aussi un centre éruptif autonome.

D'une superficie de 15 hectares, le lac de Servières atteint une profondeur de 26 mètres. En réalité, le lac était autrefois plus grand ainsi qu'en témoigne l'existence d'une ancienne beine à 50 cm au-dessus du niveau actuel. La pente des rives est partout faible. C'est probablement à un cratère percé à l'emporte pièce par une forte explosion (maar) que nous devons ce joli plan d'eau. Il semble que le lac soit à l'emplacement du dernier cratère d'un grand volcan à trois bouches d'émission, dont les deux précédents centres étaient, l'un au puy de Combe-Perret, au nord, et l'autre au puy de Servières, au sud. Tous ces édifices appartiennent au volcanisme des Monts-Dore, antérieur à celui de la chaîne des Puys puisqu'il remonte à l'ère tertiaire.

Une grande forêt enserre le lac, forêt composée d'épicéas et de pins sylvestres. Ici ils se côtoient en plantations récentes et en hautes futaies d'arbres adultes car ce sont deux espèces non spontanées dans la région mais très couramment employées pour les reboisements. L'épicéa et le pin sylvestre, reconnaissables à l'écorce rouge ocre claire de la partie supérieure de leur tronc, sont deux espèces de résineux très résistants au froid, supportant bien les étés chauds, dotés d'une remarquable souplesse d'adaptation.

Les puys de la Vache et de Lassolas, aux cratères égueulés, sont les deux joyaux de la chaîne des Dôme. La coloration rouge violacé des scories qui ont été léchées par le dégagement des gaz en éruption, les rochers accrochés çà et là aux parois des cratères (200 m de haut), les genévriers, la bruyère et les pins rabougris composent un paysage saisissant. Le fond des cratères mérite qu'on y consacre une heure.

La coulée de lave des puys de la Vache et de Lassolas s'est frayée un chemin vers le sud, a comblé une vallée et a servi de barrage à tous les vallons affluents dont les eaux furent arrêtées par la muraille volcanique. Une douzaine de lacs virent ainsi le jour, la plupart d'entre eux d'assez faible profondeur s'asséchèrent peu à peu, comblés par les vases à diatomées (algues unicellulaires, à pigment brun). L'ancien lac de Randanne, en bordure de la N 89 est aujourd'hui remplacé par une prairie où jadis les dépôts d'algues microscopiques furent exploités sous le nom de « randanite ». Seuls subsistent encore, témoins de la solidité des digues édifiées il y a 7 000 ans, les lacs de La Cassière et d'Aydat.

③ 5 km • 1 h 20 • Orcival • 870 m

🏠 ⛺ 🏡 ☕ 🛒 ✕

Dans Orcival, passer devant l'église puis obliquer à droite (direction Clermont) pour remonter jusqu'à la D 27 que l'on traverse (balisage commun avec un PR bleu). Suivre en face le sentier qui monte à une chapelle. Tourner à gauche et rejoindre le hameau de la Croix.

Séparation du GR 441 et du GR 30.

> **Par GR 441 : 20 mn • château de Cordès**
>
> A l'intérieur, décors de stucs. Dans la chapelle du 15e siècle, gisant du maréchal d'Allègre, mort à Ravenne en 1512.
>
> C'est dans ce charmant manoir des 13e-15e siècles, parc à la française dessiné par Le Nôtre en 1695, comprenant une terrasse, des pelouses, des bassins, des charmilles et des cabinets de verdure que Paul Bourget a situé l'action de son *Démon de Midi*.
>
> « D'une mosaïque bosselée, gris de plomb et gris d'étain, sous les écailles gris d'argent des toitures, le château est fait à plaisir de tours et de tourelles rondes, d'échauguettes, de contreforts, de lucarnes grillées, de pignons à girouettes. Ce semble le rêve d'un capitaine d'arbalétriers qui aurait aimé à la fois les gaies bergerettes sentant le serpolet et le gonfanon, l'armet, la rondache, tous les accessoires du fourniment romantique » (H. Pourrat).

Au hameau de la Croix, le GR 30 prend le chemin à droite, passe près d'un pylône ; 300 m plus loin, obliquer à droite pour contourner le puy de Gravenoire. On rejoint 1 km plus loin un chemin que l'on suit à gauche jusqu'à Juégheat. A l'entrée de ce hameau, obliquer à droite après la première maison pour emprunter la petite route qui descend en coutournant les terres du château. A proximité du lavoir de Voissieux, couper le D 27 E, traverser le village par la droite et emprunter le chemin bordé de grands aulnes qui longe la Sioule. Franchir le ruisseau, bifurquer à gauche et remonter par une voie herbeuse. Continuer en face pour atteindre

5 km • 1 h 30 • Neuville • 965 m

De Neuville, descendre sur 100 m pour obliquer à gauche. A un large croisement, prendre la voie qui descend à droite en direction du vallon. On traverse le ruisseau de la Gorce sur une passerelle. En remontant, laisser deux chemins sur la droite et atteindre une

④ petite route

Emprunter vers l'est un chemin empierré jusqu'à

2,5 km • 45 mn • Recoleine • 933 m

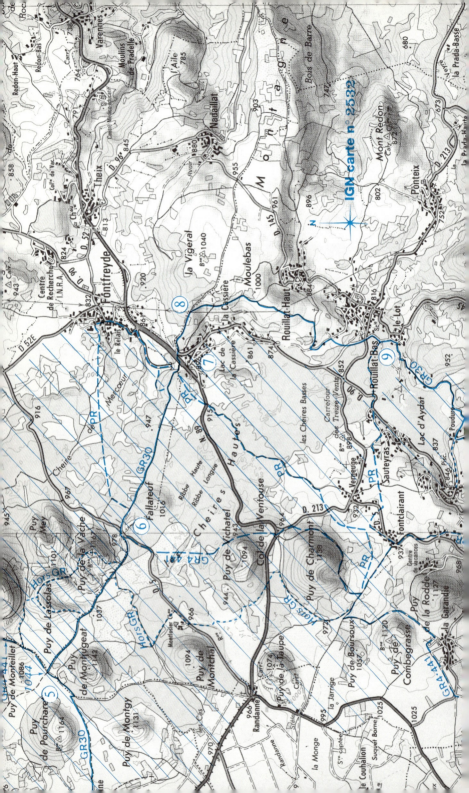

Prendre à droite un sentier herbeux et à gauche un large chemin. Laisser deux chemins à droite, passer sous un pont. Remonter en laissant une route à gauche, jusqu'à un réservoir, le GR emprunte une trace rocailleuse montante. On atteint la route que l'on quitte aussitôt dans un virage pour continuer en montée dans la même direction et rejoindre un large chemin plein est, bordé de murets de pierres sèches. A proximité du puy de Pourcharet (à gauche) et du puy de Montgy (à droite), le sentier traverse la lande de bruyère en suivant les marques au sol. On longe une plantation de résineux adossée au puy de Mont-jugeat, puis on gagne le centre d'une dépression entourée de volcans où l'on trouve un

⑤ 3 km • 45 mn • poteau indicateur • 1 044 m

Jonction avec les GR 4 et GR 441.

> **Par GR 4 et 441 : 1 h • Laschamps**
>
>
> Voir le topo-guide GR 4 *Hauts plateaux et monts d'Auvergne*.

Au poteau indicateur **5** les GR tournent à droite pour passer au pied des puys de Lassolas et de la Vache.

2 km • 30 mn • puy de la Vache

> **Hors GR : 30 mn • château de Montlosier**
>
>
> Expositions du Parc naturel régional des Volcans d'Auvergne.
> Au carrefour devant le puy de la Vache, tourner à droite.

Continuer tout droit sur le chemin qui passe en sous-bois et débouche sur le D 5 à une vaste clairière gazonnée.

⑥ les GR 4 et 441 se séparent du GR 30 et se dirigent à droite vers le col de la Ventouse.

Traverser le D 5 et prendre en face le large chemin d'exploitation qui passe en sous-bois et débouche sur une lande herbeuse parsemée de genévriers et de bouleaux. Le GR longe la N 89 par le chemin à gauche, puis la franchit à la hauteur du carrefour (carrefour dangereux), au lieu dit

⑦ 3 km • 45 min • la Cassière • 950 m

Le GR 30 domine le lac de la Cassière ; de là on voit que ce lac occupe une dépression barrée vers l'aval par le rebord rocailleux des coulées issues des volcans de la Vache et de Lassolas. Cette retenue est alimentée exclusivement par les eaux circulant sous les coulées de lave.

A l'emplacement du lac d'Aydat, il y a quelques milliers d'années, coulait la Veyre. Les coulées volcaniques des puys de la Vache et de Lassolas ont obstrué sa vallée qu'elles ont empruntée pour descendre vers Ponteix. Sa superficie actuelle (60 hectares) est considérablement inférieure à celle qu'elle pouvait être à la fin de l'ère préhistorique.

A sa sortie du lac, la Veyre se perd sous la coulée et reparaît près de Saint-Saturnin après un long parcours souterrain.

Après avoir traversé la N 89, suivre la route d'Aydat sur 100 m puis obliquer à gauche dans un bon chemin qui monte en lisière de résineux, et passe deux fois sous une ligne à haute tension ⑧.

Le GR 30 emprunte à droite (sud) un large chemin de remembrement. A son extrémité, prendre à droite le chemin entre les villas jusqu'à une croix, puis, à gauche emprunter la route ; 100 m plus loin, tourner à droite devant un poteau électrique, longer la prairie et s'engager à gauche sur un sentier qui traverse le bois et aboutit à une route : l'emprunter à gauche et atteindre le D 213 à l'entrée ouest de

⑨ 4 km • 1 h 10 • Rouillat-Bas • 827 m

A l'ouest de Rouillat-Bas, le GR 30 retrouve la coulée de lave du puy de la Vache : surface chaotique ou *cheire* jusqu'au village du Lot *(mot d'origine auvergnate passé dans le langage des géographes et des géologues)*.

A l'entrée de Rouillat-Bas, le GR 30 traverse le D 213 et continue en face jusqu'au hameau du Lot.
Prendre à droite le chemin avec un panneau de sens interdit. Traverser l'exutoire du lac d'Aydat et suivre à droite le chemin à flanc de colline. On rejoint la rive du lac ; puis, le chemin remonte à

2,5 km • 40 mn • Poudure

Hors GR : 10 mn • Aydat

A **Poudure**, le GR monte par la première route à gauche traversant un lotissement. S'engager ensuite à gauche dans un chemin menant à **Phialeix**.

On désigne localement certaines coulées récentes de la chaîne des Puys par le terme de *cheires*. L'étymologie du mot est discutée. Pour certains il serait à rapprocher de *sierra*, morphologie dentelée, pour d'autres, il serait à rapprocher de *cair*, lieu pierreux. En effet, les cheires les plus typiques offrent une morphologie superficielle très accidentée due à la présence de chaos rocheux. Il est possible d'individualiser plusieurs types de surfaces de coulées tenant — entre autres — à la viscosité et à la teneur en gaz de la lave, au volume et à la vitesse d'épanchement.
Les *Ribbes* de la cheire d'Aydat sont deux escarpements parallèles de 5 à 15 m de hauteur qui s'étendent sur toute la longueur de la coulée ; ils délimitent un chenal axial large de 200 à 300 m. Cette structure résulterait de l'encaissement progressif de la lave en mouvement dans la masse de la coulée en voie de solidification.

Volcanologie de la Chaîne des Puys

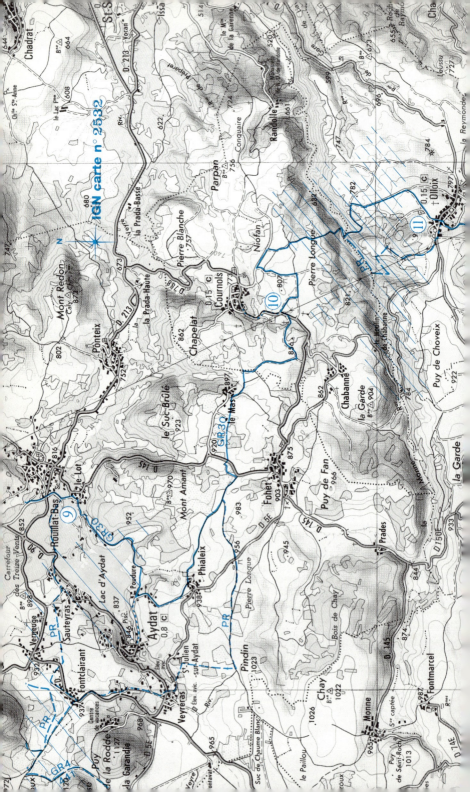

1 km • 20 mn • Phialeix • 938 m

Le GR laisse sur la droite Phialeix, puis se prolonge jusqu'au sommet du vallonnement. Passer un col, continuer tout droit ; 50 m avant une route, prendre à gauche un chemin puis un sentier sur la droite, traverser le D 145 et continuer en face sur un chemin creux qui descend sur le hameau du Mas. Le longer par la droite et déboucher en haut d'un espace gazonné communal (croix). Prendre en bas le large chemin empierré puis obliquer dans le sentier de droite ; plus loin, on suit à droite un large chemin vers le sud.

A la première bifurcation, continuer tout droit, puis à la deuxième, prendre à gauche pour rejoindre le D 788 que l'on emprunte à gauche, sur une centaine de mètres.

⑩ 5 km • 1 h 30 • D 788

> **Hors GR : 10 mn • Cournols**
>
>

Le GR prend sur la droite un large chemin empierré qui se dirige au sud-est et décrit une large courbe en revenant vers Cournols *(sur la gauche, à 50 m, dolmen de Cournols)*.

On débouche sur le D 145 E : l'emprunter à droite et, 250 m plus loin, prendre à nouveau à droite un chemin empierré. Un peu plus loin, on s'engage à droite dans un autre chemin vers un bois de pins dont on longe la lisière, puis on suit une haie sur son côté gauche, vers le sud.

> **Hors GR :** à 100 m sur la gauche, on peut gagner un escarpement rocheux ; point de vue sur la Limagne et le monastère bénédictin de Randolle, dominant les gorges de la Monne.

Le GR descend vers les gorges de la Monne par un sentier en lacets. Franchir la rivière sur un vieux pont de pierres. On traverse les ruines du hameau de Ribeyrolles ; sur le plateau, au premier carrefour, prendre à droite et 750 m plus loin, de nouveau à droite. Le chemin longe le cimetière et aborde le village d'

⑪ 5 km • 1 h 30 • Olloix

Village de transition entre la montagne et la plaine (835 m d'altitude), Olloix est situé dans un splendide site granitique en bordure des gorges de la Monne.
Ce village fut le siège d'une puissante commanderie de moines-soldats aux origines peu connues. La présence d'éléments romans dans l'église donne à penser que la commanderie a existé dès le 12e siècle. Vraisemblablement la fondation était attribuée à l'ordre des Hospitaliers. Quelques vestiges de fortification subsistent tout près de l'église ; celle-ci, remontant aux 12e et 15e siècle, renferme la tombe d'Odon de Montaigu, prieur d'Auvergne des Hospitaliers, surnommé Saint-Gouérou, « le guerrier ».

L'art religieux en Auvergne

C'est en Auvergne que l'art roman a connu son plus merveilleux épanouissement. Les chapelles, églises ou cathédrales édifiées entre l'an 1000 et l'an 1200 dans ce style tout de pureté et d'équilibre y sont très nombreuses.

Cinq d'entre elles sont particulièrement remarquables : Notre-Dame-du-Port, Orcival, Saint-Nectaire, Mozac, Issoire. Elles sont toutes bâties sur le même plan, avec les mêmes articulations et la même structure. Elles sont pourtant toutes différentes dans leur façon d'exprimer la même chose. En parcourant le GR 30, on aura l'occasion de visiter la basilique d'Orcival et l'église de Saint-Nectaire.

Notre-Dame-d'Orcival est un joyau de l'art roman. Ce n'est ni la plus grande ni la plus haute des églises romanes d'Auvergne mais elle semble bien être la plus parfaite. La pierre, le trachyte des monts Dore, a imposé une certaine austérité. L'église est à la fois ramassée sur elle-même et pleine d'élan spirituel. C'est peut-être à Orcival que le goût auvergnat de la mesure, de l'équilibre et de la raison se révèle le mieux. Quatre absides rayonnantes s'emboîtent sous le toit d'un déambulatoire légèrement plus élevé, toit en pente douce qui conduit le regard vers le magnifique arrondi de la grande abside dominée par le massif presque cubique du chœur d'où s'échappe le clocher octogonal. L'église a été bâtie en raison d'un pèlerinage à la Vierge, toujours vivant de nos jours. Chaque année, à l'Ascension, des milliers de pèlerins se forment en une longue procession derrière la statue de la Vierge d'Orcival que l'on conduit jusqu'au Tombeau, site au-dessus du village où elle aurait été découverte voici plus de huit siècles. Cette statue, habillée d'or et de vermeil, mesure 74 cm de haut. Elle tient l'enfant droit sur ses genoux ; son visage est disymétrique, empreint de douceur et de sérénité.

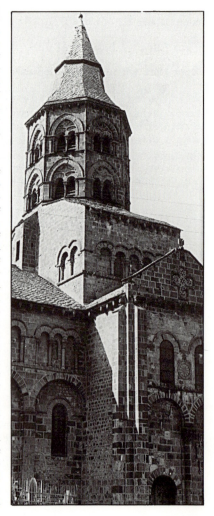

L'église de Saint-Nectaire est une des plus petites d'Auvergne : 38 mètres de long, 15 de hauteur sous voûte, une nef limitée en largeur à 5 mètres. L'illusion d'immensité tient à la perfection mathématique des proportions.

L'église possède une centaine de chapiteaux. Ceux qui illustrent les 24 faces des 6 colonnes du chœur constituent un ensemble démonstratif de l'iconographie romane. On remarquera également la beauté formelle des chapiteaux à feuillage.

La présence de cet édifice dans un pays jadis isolé s'explique par le culte rendu aux reliques d'un des premiers apôtres de l'Auvergne, Nectaire. Cette église est la seule en Auvergne à posséder un narthex indemne de toute restauration.

Dans une vitrine de sûreté, on pourra admirer les objets du Trésor sauvés des pillages révolutionnaires : un buste reliquaire de saint Baudime (compagnon de saint Nectaire) tout de cuivre doré, précieux travail du 12e siècle, des plats de reliure émaillés, une Vierge en majesté en bois polychrome.

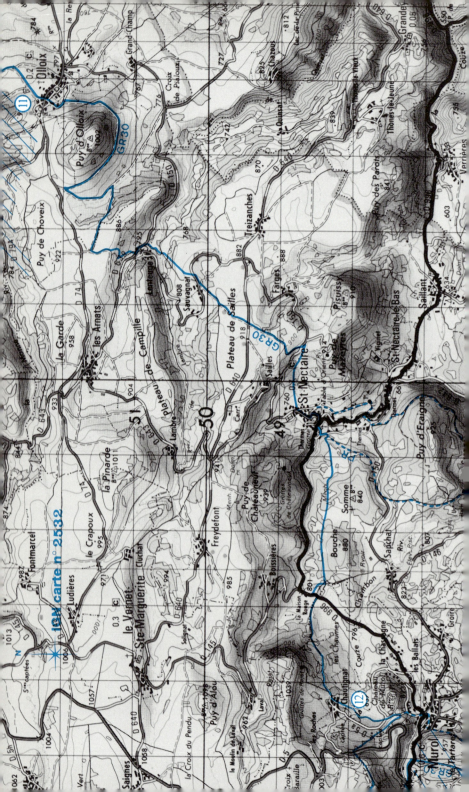

A **Olloix**, le GR traverse le D 74 et prend en face un chemin montant. Au carrefour, bifurquer à droite et contourner le puy d'Olloix par le sud. A l'embranchement d'un large chemin de terre, tourner à angle aigu à gauche en descendant dans le vallon puis à 800 m, suivre à droite le chemin qui monte sur le plateau de Chabarot. Prendre à gauche puis à la croisée des trois chemins, de nouveau à gauche pour descendre sur le hameau de Lenteuge. Emprunter sur 100 m le D 150 (sud-est) puis descendre à droite dans un chemin. Après un pont au fond du vallon, prendre à droite un chemin qui coupe le D 150 à l'entrée de Sauvagnat, puis arrive sur le plateau de Sailles en prenant le chemin de gauche. Traverser le D 640, suivre en face le chemin qui descend et débouche sur le D 150, face au transformateur.

Hors GR : puy de Mazeyres

Table d'orientation.

Le GR 30 descend à droite par un chemin encaissé à

7,5 km • 2 h 10 • Saint-Nectaire • 710 m

Hors GR : 20 mn • Saint-Nectaire-le-Bas

Dolmen, parc, sources thermales.
Emprunter la rue à gauche.

Le GR 30 descend jusqu'à la place de la mairie et à l'église de Saint-Nectaire-le-Haut.
Traverser la route pour prendre en face la rue des grottes de Châteauneuf. Tourner à gauche, puis à droite, passer devant le Clos du Vallon (gîte d'étape) et atteindre le bas de la ville *(l'itinéraire est commun avec un PR jaune)*. Traverser le D 996 et le pont. Suivre la route en face sur 200 m puis obliquer à droite dans un chemin. Au carrefour à 250 m, monter à droite par un large chemin (ouest) ; 1 km plus loin, laisser un chemin à gauche *(hors GR à 200 m, menhir)* et continuer tout droit jusqu'au D 996 près du lieudit la Maison Rouge.

Suivre le D 996 sur 100 m à gauche et prendre à droite le large chemin qui monte à Chautignat. A l'entrée du hameau, s'engager à gauche dans le chemin qui descend, traverse un ruisseau. On coupe le D 5 E. Prendre en face pour atteindre le terre-plein servant de parking, près du

⑫ 5,5 km • 1 h 30 • château de Murol • 890 m

Cet impressionnant édifice a la forme d'un polygone irrégulier à douze pans. Il est bâti de laves sombres et rougeâtres qui en accentuent le caractère romantique.

Hors GR : 10 mn • Murol

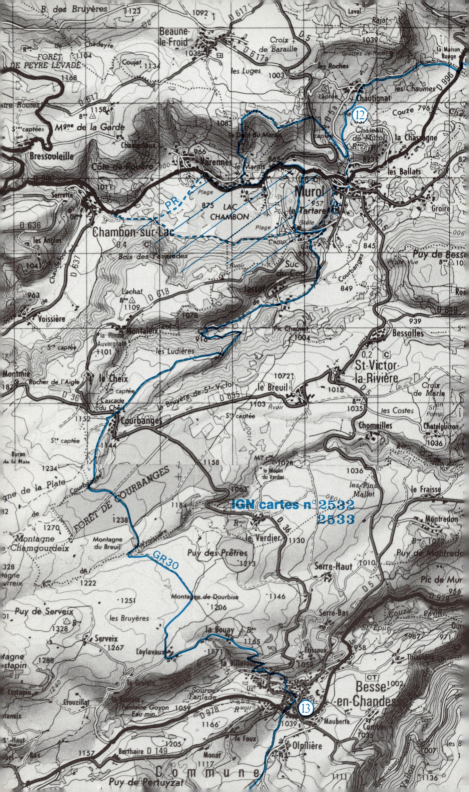

Devant le **château de Murol**, le GR s'engage à droite dans le chemin sous les pins qui monte rejoindre le D 5. Couper cette route et suivre en face la sente qui escalade la pente et débouche sur la crête du cirque de la Dent du Marais (ne pas s'approcher du bord de la falaise). Suivre la crête par la droite. A son extrémité, descendre jusqu'à un large chemin. Le prendre à droite, puis 150 m après, tourner à droite, puis à gauche du transformateur pour atteindre le D 996.

5 km • 1 h 30 • lac Chambon • 875 m

Le GR 30 emprunte à gauche la route d'accès au camping. Atteindre le carrefour avec le D 5, franchir la Couze Chambon sur un pont et, 250 m après, prendre à droite à angle aigu un chemin qui dessert les villas. A l'orée de la forêt, prendre à gauche le chemin qui suit la lisière et croise 500 m plus loin une route ; la prendre à droite sur 100 m et, à gauche, passer sur un pont et suivre à droite le chemin de terre jusqu'au village de Jassat. Après la dernière maison, emprunter le chemin longeant la rive droite du ruisseau de Courbanges.

On franchit deux ponts et, après le deuxième, le chemin tourne à gauche en épingle à cheveux. Monter en lisière du bois, laisser un chemin à droite et après un virage sur la droite, grimper fortement en forêt.

A la sortie de la forêt, on longe des terrasses et, par un large chemin de terre, on gagne

5 km • 1 h 30 • Courbanges • 1 110 m

A Courbanges, le GR traverse le D 36 et prend en face un large chemin de terre qui monte et oblique légèrement vers la gauche ; le suivre jusqu'au ruisseau de Courbanges que l'on traverse sur un pont. Continuer dans la forêt de Courbanges (conifères plantés en 1850) ; le GR s'engage à gauche dans un étroit sentier qui croise la Grande Allée et continue jusqu'à la lisière sud de la forêt. Prendre en face et suivre une clôture ; traverser le ruisseau de Malvoissière et remonter en face le flanc du vallon le long de la clôture jusqu'à des barbelés entre lesquels on s'engage jusqu'au hameau de Leylavaux.
Suivre la route à gauche, dépasser le hameau de la Bouay et 400 m plus loin, emprunter à droite un chemin qui descend à La Villetour *(maison de la Pêche et de l'Eau)*. Rejoindre le D 36, s'engager dans le chemin en face. Franchir le premier pont à droite et monter par le chemin de la Bessou et la rue du Quartier Saint-Jean. Atteindre la place du Docteur-Pipet *(office de tourisme)*.

⑬ 8 km • 2 h 20 • Besse-en-Chandesse • 1 020 m

Le lac Chambon est situé à proximité du puy du Tartaret.

Le Tartaret pourrait devoir son nom au séjour infernal où Zeus précipitait ses ennemis ; on aurait vu en lui une des bouches de l'enfer.

Ce puy est célèbre à plus d'un titre. Érigé en travers de l'auge glaciaire de la Couze de Chaudefour, il a provoqué l'apparition d'un lac de barrage de 2 km de long — barrage ultérieurement renforcé par un écroulement de la Dent du Marais — dont l'actuel Chambon ne représente que la moitié de l'extension initiale. Il comporte un double édifice strombolien basaltique : l'ancien Tartaret à l'ouest a été amputé de toute sa moitié orientale probablement par des explosions préliminaires à l'installation du nouveau Tartaret ; le nouveau Tartaret, plus volumineux, montre un cratère elliptique, émoussé, doublé au nord d'un cratère égueulé vers l'ouest. La plus longue des coulées part du pied est du puy et s'étire sur 22 km dans la vallée, jusqu'à Neschers : c'est la plus longue coulée basaltique à surface de cheire d'Auvergne.

De Murol à Sapchat, sur 1 km de large et 2 km de long, toute la partie amont de cette coulée montre une surface bosselée d'une quarantaine de cônelets sans racines, de 5 à 30 m de haut, sortes de volcans miniatures dont l'origine a été attribuée à des éruptions secondaires liées à une vaporisation massive d'eau lors de l'épanchement de la coulée sur une surface marécageuse.

Le Volcanisme de la Chaîne des Puys

Éthymologiquement, Montcineyre signifie Mons cineris, le mont de la cendre ou montagne noire. Le lac vient se mouler à l'est sur le puy du même nom. Le puy de Montcineyre est un appareil strombolien basaltique composite à plusieurs cratères intacts dont l'âge n'excéderait pas 5 700 ans. Les coulées de ce puy ont dévalé jusque vers Compains, à 7 km, pour s'étaler au fond de l'auge glaciaire de la Couze de Valbeleix.

Pavin, le plus impressionnant lac d'Auvergne, est profond de 92 m ; d'un diamètre de 750 m, il couvre une superficie de 44 ha. Il occupe une dépression circulaire dont les parois abruptes découpent à l'emporte-pièce les coulées montdoriennes ainsi que la coulée basaltique récente du puy de Montchal qui le domine ; le lac est donc postérieur à ce volcan. Grâce à des sols végétaux fossilisés sous les retombées, on a pu dater l'événement qui se serait produit il y a environ 3 500 ans.

Du fait de sa formation, les rives du lac sont très abruptes ; leur pente se continue sous les eaux après un étroit replat ou *beisse* un peu au-dessous de sa surface. Le fond est aplani. Pavin est alimenté par d'abondantes sources dont plusieurs, vraisemblablement, sont sous-lacustres.

Dans les profondeurs, l'eau est toujours très froide, même en plein été (4 à 5° C par 20 m de fond).

Les eaux sont peuplées de truites et d'ombles-chevaliers, poissons voraces qui hantent habituellement les lacs d'altitude.

Le Volcanisme de la Chaîne des Puys

Ce lieu sombre, silencieux et désert frappa l'imagination populaire et fit naître d'étranges légendes. On le disait sans fond. Une ville maudite s'y serait abîmée et, par temps calme, on entreverrait des clochers. Il ne souffrirait aucun esquif et les poissons n'y pourraient vivre. L'imprudent qui y jetterait une pierre provoquerait soudain de formidables remous d'où s'échapperaient d'épais nuages menaçants.

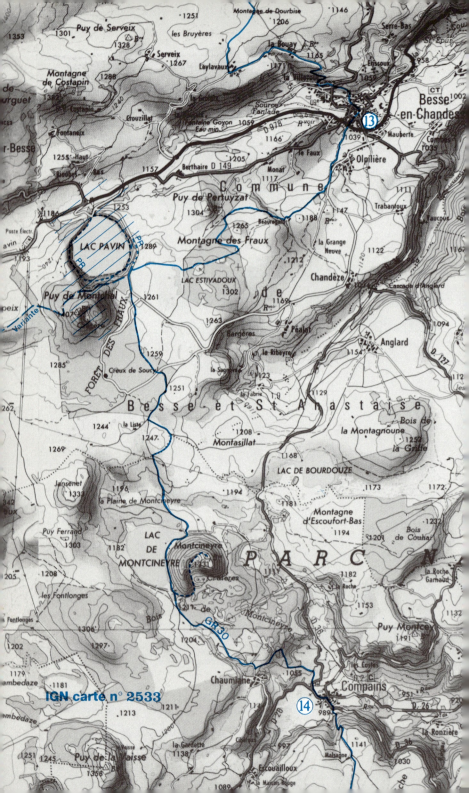

Sortir de Besse par la porte du Beffroi, tourner à gauche puis à droite. Traverser le D 978. Rejoindre la salle omnisports. Le chemin qui la borde sur la droite mène à Olpilière ; continuer par la route dans la même direction sur 200 m puis emprunter à droite le chemin menant à Beauregard. Au passage entre les deux bois, monter dans celui de gauche sur 30 m pour trouver une allée. Au deuxième carrefour, virer à gauche puis à droite et de nouveau à gauche, traverser une clairière dans toute sa longueur. En lisière de forêt, obliquer à droite, travers deux allées puis une clairière. Descendre une petite route à gauche sur quelques mètres puis emprunter à droite le sentier piétonnier aménagé *(voie privée uniquement autorisée aux piétons)*. Atteindre la route près du

5 km • 1 h 20 • panorama du lac Pavin • 1 197 m

Restaurant au bord du lac (nord) par le PR jaune du Tour du Lac.

Jonction avec une variante assurant la liaison avec le GR 4 à Super-Besse (Vassivière).
Emprunter la route à gauche puis suivre la lisière de la forêt. Croiser deux routes *(hors GR à droite : grotte du creux de Soucy)*.
A l'extrémité sud de la forêt, après une clôture, monter à gauche par les pâturages sur une colline d'où l'on a une vue sur le lac de Bourdouze. Redescendre en suivant la clôture vers la droite. Poursuivre par un chemin vers un étang artificiel, remonter en face le long des plantations sur un chemin empierré qui débouche sur le lac de Montcineyre.
Longer la rive du lac, au pied du puy de Montcineyre jusqu'à son extrémité sud.

> **Hors GR : 1 h • puy de Montcineyre**
> Prendre dans les taillis à gauche un sentier montant.

Les GR 30 et 41 rejoignent un chemin qui monte en face, traverse une prairie, oblique à gauche (barrière). Laisser une ferme à droite et descendre sur le hameau de

7 km • 1 h 50 • Chaumiane • 1 104 m

Juste avant l'entrée dans le hameau, prendre à gauche un chemin entre deux murets ; 500 m plus loin à l'orée d'un bois de hêtres, tourner à droite sur un sentier qui descend rejoindre un chemin bordé de murets. Déboucher sur la route à l'entrée du village de

⑭ 1,5 km • 20 mn • Compains • 995 m

L'église offre une intéressante nef romane (12e-13e siècle) et un élégant choeur gothique. La porte sud a conservé ses ferrures du Moyen Age.

Sortir de **Compains** par la route de Brion (D 36) et juste après le pont, à l'angle d'une maison, s'engager à droite dans un chemin de terre ; 20 m plus loin le quitter pour prendre à gauche un chemin qui monte en lacets à travers une hêtraie et débouche dans les pâturages ; 200 m plus loin, laisser à droite la ferme de Malsagne et prendre à gauche la route qui traverse les pâturages en direction sud, passe devant le buron de Barbesèche et gravit la montagne du même nom.
On emprunte ensuite à droite le D 36 jusqu'à l'entrée de Brion. Au carrefour, prendre à droite et atteindre le foirail de

5 km • 1 h 30 • Brion • 1 245 m

De grandes foires aux bestiaux s'y déroulent durant l'été, dans les pâturages d'estive (16 et 25 juin, 7 et 22 août, 1er et 14 septembre, 6 et 19 octobre). Au sommet du piton volcanique qui domine le hameau, vaste point de vue. Vestiges d'un château-fort aujourd'hui disparu.

Quitter la route pour passer entre deux constructions.

Le GR 30 tourne à droite derrière la construction.

A 2 km, à la Baraque : centre de découverte des Tourbières.

Le GR 30 emprunte, dans la prairie, la piste parallèle à une ligne électrique, qui mène au buron de la Garde. Près de celui-ci, obliquer légèrement à droite vers une plantation que l'on traverse. Le chemin atteint le vallon, franchit à gué le ruisseau et remonte jusqu'au D 32 que l'on suit à droite jusqu'à l'entrée de la Godivelle.

> Hors GR : lac d'en-Bas
>
> Lac-tourbière en réserve naturelle (panneau d'information)

Monter dans le village et atteindre l'église de

4 km • 1 h • la Godivelle • 1 205 m

Laisser sur la gauche la place de l'église, la fontaine et le café. Quitter le bourg après un tournant à droite pour atteindre le lac de la Godivelle d'en Haut.
Continuer le large chemin empierré montant vers le nord-ouest. On passe à la cote 1 258 m.

> Hors GR : 10 mn • croix de la montagne de Janson
>
> Panorama sur le lac et le village de la Godivelle, les monts du Cézalier et le Cantal.

Le village de la Godivelle est sans conteste l'un de ceux, en Haute Auvergne, où les conditions d'existence étaient jadis les plus difficiles. A plus de 1 200 m d'altitude, sur ce haut plateau dénudé, battu des vents, loin des grandes voies de communication, entouré de marais et de fondrières, les habitants restaient de longs mois d'hiver emprisonnés sous leur toit de chaume. Il arrivait fréquemment que les communications soient interrompues plusieurs jours durant avec les hameaux les plus rapprochés. Ces hauts plateaux du Cézalier sont pauvres en bois de chauffage : les habitants alimentaient leurs foyers avec la tourbe, vivant de préférence dans les étables, au contact des animaux.

Cette région mérite bien encore son titre de « Sibérie de la Haute Auvergne » ! La neige y demeure quatre mois, parfois même six mois en tel ou tel secteur.

Le petit village de la Godivelle est situé entre deux lacs bien différents l'un de l'autre :

- **Le lac d'en Bas** est un *lac-tourbière* occupant une dépression peu profonde que le volcan portant le lac d'en Haut à contribué à fermer. Ce lac est fréquenté par de nombreux oiseaux nicheurs (grèbes, râles d'eau, busards cendrés) ou migrateurs (mouettes, grèbes, hérons, cigognes, grues, cormorans, canards). La Société pour l'Étude et la Protection de la Nature dans le Massif Central a fait l'acquisition de cette magnifique station pour la préserver. L'arrêté de classement de cette réserve, dite réserve naturelle des Sagnes, d'une superficie de 24 ha, a été pris dans le courant de l'été 1975.

- **Le lac d'en Haut**, aux eaux limpides, est juché dans un cratère entouré de scories rougeâtres agglutinées. D'une superficie de 15 hectares, comme son jumeau d'en bas, il est beaucoup plus profond que lui : 40 mètres. La forte déclivité de ses berges indique qu'il s'agit là d'un lac occupant un cratère d'explosion volcanique, à la manière du Pavin.
Il ne reçoit pas d'autres eaux que celles qui coulent sur les parois de l'amphithéâtre au fond duquel il se trouve et qui proviennent des pluies ou de la fonte des neiges. Les glaces l'emprisonnent pendant de longues semaines (en mars 1889 leur couche atteignait 42 cm d'épaisseur).

Les Fromages

La production fromagère française a acquis en Auvergne quelques unes de ses lettres de noblesse.

Illustre patriarche, saint Nectaire, émule et contemporain de saint Austremoine, apôtre des Gaules, s'est affirmé très honoré de voir les descendants des Arvernes lui manifester, pour le temps sinon pour l'éternité, vive reconnaissance pour avoir évangélisé leurs pères, en attachant son nom à un fromage.

Son aire de production, bien délimité (le Saint-Nectaire est doté d'une appellation d'origine depuis 1957) s'étend sur tout le pourtour du massif volcanique des Monts Dore à une altitude supérieure à 800 m ; elle revêt une forme elliptique qui s'étend au sud vers les Monts du Cantal et mord quelque peu sur le territoire corrézien vers Bort-les-Orgues. D'Aydat au nord à la Godivelle et Saint-Genès-Champespe au sud, le GR 30 s'inscrit presque totalement dans ce fameux périmètre. Le Saint-Nectaire est produit dans cette région depuis 10 siècles. La cour de Louis XIV en était très friande et en fit sa renommée.

Le fromage de Saint-Nectaire est un fromage de vache. Le lait pur non écrémé est transformé à la chaleur naturelle après chaque traite. La pâte est pressée mais non cuite. L'affinage dure de 2 à 4 mois ; il est effectué par des spécialistes disposant de caves naturelles aux parois calcaires, en grande partie à Clermont-Ferrand, à une température de 8° à 12° C.

Le bleu d'Auvergne est également un fromage de vache. Il a été inventé au milieu du siècle dernier. A cause de la moisissure *Penicillium glaucum*, son apparence rappelle celle du roquefort. Il est produit dans la région du Mont-Dore. C'est une pâte non pressée affinée en cave humide et fraîche.

Le murol est dérivé du Saint-Nectaire. Il se présente sous la forme d'un cylindre aplati percé d'un trou en son milieu.

La fourme de Rochefort (vache) est un fromage fermier onctueux qui se conserve difficilement. Il est produit dans la région de Rochefort-Montagne.

Le bleu de Laqueuille est un fromage cylindrique issu de l'introduction d'une moisissure bleue dans la fourme de Rochefort.

Enfin, le cantal est le plus ancien des fromages auvergnats. Selon Pline l'Ancien, il était très apprécié à la cour de Rome. Le cantal se présente sous la forme de cylindre de 35 kg en moyenne. Il est fabriqué en Haute-Auvergne à partir de lait de vache et se consomme après un long vieillissement, attesté par l'épaisseur de la croûte, ou bien plus jeune et moins mûr. Sa pâte, pressée et non cuite est ferme. Aujourd'hui, le cantal est traditionnellement fabriqué dans les burons des montagnes d'estivage, lors de la transhumance. Le cantal fabriqué dans les laiteries modernes ou dans les fermes est loin d'égaler celui de haute montagne.

A Égliseneuve-d'Entraigues (Puy-de-Dôme), on pourra visiter la Maison des fromages et s'initier à l'histoire et aux techniques de fabrication de ces produits qui ont porté très loin la réputation gastronomique de la région. Une exposition présente la panoplie complète du fromager et un montage audio-visuel décrit la confection des fromages, témoignant d'un savoir-faire et d'un art de vivre toujours bien vivants.

Maison des Fromages
Parc des Volcans
Montlosier-près-Randanne
63970 Aydat
☎ 73 65 67 19

Le chemin redescend ensuite progressivement sur la ferme de Gaine, puis sur le hameau de Sandalouze. Poursuivre par un chemin asphalté, tourner à droite puis à gauche pour rejoindre l'église et la place du village de

⑮ 4 km • 1 h 10 • Espinchal • 1 052 m

Passer devant l'église d'Espinchal puis devant l'école et emprunter un large chemin bordé d'arbres. Au carrefour dit de la Croix du Marquis, prendre le chemin de gauche, franchir le ruisseau de Riochaux et remonter en face. On se dirige légèrement vers la gauche pour trouver un chemin bordé de grosses pierres, qui conduit vers la droite au hameau de Redondel. Traverser le hameau, emprunter sur 50 m un chemin carrossable, puis obliquer à gauche dans un chemin creux qui monte dans les pacages. Poursuivre en direction nord-nord-ouest et gagner la ferme de la Clide. Peu après descendre à droite vers le hameau des Angles. Là le GR se dirige à droite, passe près d'une croix de pierre, suit l'orée d'une hêtraie et traverse un ruisseau au-dessus de la cascade du bois de Chaux ; il longe alors le terrain de camping d'Église-neuve puis la cascade d'Entraigues, traverse la Clamouze et aboutit sur le D 978 qu'il suit à gauche jusqu'à

7 km • 2 h • Égliseneuve-d'Entraigues • 955 m

Maison des fromages d'Auvergne

Jonction avec le GR 4 venant du lac Chauvet. Le tracé des GR 30 et GR 4 est commun jusqu'à la ferme d'Auger.

Dans le village d'Égliseneuve, à l'intersection du D 978 avec le D 30, emprunter ce dernier à droite sur 50 m puis tourner à gauche dans un chemin assez large grimpant sur le plateau.

A la ferme d'Auger, le GR 30 continue tout droit par un chemin bordé de hêtres. Près des Aveix, on rejoint le D 30 E : le suivre à gauche jusqu'à la

⑯ 4 km • 1 h 15 • ferme des Chirouzes • 1 052 m

Hors GR : 10 mn • lac de l'Esclauze

A l'ouest du lac, le GR retrouve le vieux socle cristallin sur lequel les glaciers ont laissé leur empreinte sous forme d'un remarquable « relief moutonné », tourmenté, ou des buttes de 50 à 100 mètres séparent de nombreuses cuvettes occupées aujourd'hui par des lacs, des tourbières ou des pâturages marécageux.

L'élevage bovin a pris un remarquable essor, dans cette région réputée jadis pour la pauvreté de son sol ; on ne cultivait guère que du sarrazin et du seigle.

100 m avant la **ferme des Chirouzes,** prendre à droite l'ancien chemin dans la prairie, qui descend en pente douce jusqu'au ruisseau du Gabacut. Le franchir sur une passerelle, longer sa rive à gauche sur 700 m puis remonter le long d'un muret jusqu'à une petite route *(bien refermer les barrières sur ce tronçon).* Suivre en face le chemin qui conduit aux fermes de Lamadeuf. Le GR 30 descend alors sur la route D 88.

> **Hors GR : 10 mn • retenue artificielle de Chabrol**
> Suivre le D 88 à gauche.

Le GR traverse le D 88 et suit le chemin asphalté se dirigeant vers le hameau de

5 km • 1 h 15 • Chabrol • 990 m

Peu avant le hameau de Chabrol, le GR 30 oblique à droite, empruntant un chemin goudronné qui aboutit au ruisseau du Tauron. Suivre la berge gauche de celui-ci et obliquer à gauche avant une grange pour s'enfoncer dans le bois de Tenezeyre. Suivre le ruisseau, obliquer à gauche puis à droite. On s'écarte un peu du ruisseau et, plus loin, on le franchit sur un pont de bois.

Le GR 30 longe alors le pré de Tauron, traverse un petit affluent qu'il suit sur sa rive droite pour arriver à la retenue artificielle du Taurons. Tourner à droite, suivre les berges, traverser l'extrémité nord de la retenue *(attention, zone marécageuse)* et rejoindre un chemin empierré. Le prendre sur 200 m et tourner à droite pour atteindre la retenue artificielle de la Cregut. Traverser le D 30 et parvenir au

Ⓐ 5,5 km • 1 h 30 • lac de la Crégut • 875 m
⛺ 🍴 ✕

Suivre la berge du lac naturel de la Crégut en remontant vers le nord à la lisière du bois des Gardes. A l'extrémité nord du plan d'eau, le GR 30 emprunte un sentier qui monte fortement dans le bois des Gardes en suivant la rive droite d'un petit ruisseau. Suivre sur quelques mètres un chemin d'exploitation qui oblique à gauche puis à droite dans un sous bois pour atteindre un autre chemin descendant jusqu'à la retenue artificielle. Prendre à droite et longer la berge (est) jusqu'à l'extrémité du lac du Tact. Tourner à droite et emprunter un chemin qui traverse le bois des Gardes en direction ouest-est et arrive au hameau de **Laspialade.**

> **Hors GR : 30 mn • lac de Laspialade**
> Ce petit lac de surcreusement glaciaire, de 12 mètres de profondeur, est ceinturé de tourbières et ses eaux très froides nourrissent des truites que l'on dit immangeables à cause du goût résineux de leur chair.

Après avoir traversé le hameau de **Laspialade,** le GR 30 suit un chemin creux puis sur la droite, un autre sentier qui traverse une forêt de hêtres bordé de murs élevés ; il passe à la ferme des Vergniauds et débouche sur le D 88, à 300 m environ du bourg de **Saint-Genès-Champespe.**

Actuellement, le lac de la Crégut est plus ou moins domestiqué et intégré dans un ensemble hydraulique de l'Électricité de France (importantes retenues plus à l'ouest).
Son origine est due à un surcreusement glaciaire assez prononcé (profondeur de 26 mètres) dans les roches du vieux socle cristallin (et non plus à la surface des coulées volcaniques comme les lacs plus à l'est).

Analogue au lac Pavin, quoique d'aspect moins sévère, le lac Chauvet remplit un large cratère d'explosion. Sa profondeur atteint 63 m. Ses rives s'infléchissent en pente douce et s'élèvent par gradins jusqu'au cratère principal qui se dissimule sous le couvert d'une forêt de vieux hêtres. Le lac était autrefois enfermé dans l'épaisse ceinture que formaient autour de lui le bois-Noir et le bois de Montbert. Des entailles y ont été pratiquées et le cirque est ouvert aujourd'hui sur près de la moitié de sa circonférence. La surface du lac gèle quelquefois très fortement et reste prise pendant de longs mois, le dégel pouvant se produire tardivement début mai. Le lac est utilisé pour la pisciculture, notamment l'élevage des truites.

Le thermalisme en Auvergne

L'eau est la plus sûre des ressources en Auvergne.

« Et voilà qui guérit ! ». C'est par cette exclamation de Madame de Sévigné au printemps 1676 que le monde s'avisât qu'il y avait dans les eaux d'Auvergne une vertu rare, unique, extraodinaire. La marquise était venue soigner à Vichy des rhumatismes qui lui rendaient les mains enflées et l'empêchaient d'écrire. Huit jours plus tard, elle écrivait à sa fille Madame de Grignan : « Vous avez raison de croire que j'écris sans effort et que mes mains vont mieux : je tiens très bien une plume ». On commença alors à savoir que l'on guérissait en Auvergne, mais ce n'est qu'au milieu du siècle dernier, avec l'apparition du thermalisme proprement moderne que l'on découvrit ce que les Romains, pourtant grands spécialistes des bains, n'avaient fait que soupçonner : l'inépuisable richesse thermale de l'Auvergne.

Aujourd'hui, l'Auvergne compte de nombreuses stations thermales. A Bourbon-l'Archambault, on soigne les arthroses, tendinites et sequelles traumatiques, à Châteauneuf-les-Bains, les rhumatismes de toutes sortes. Chatel-Guyon s'est spécialisé dans les infections urinaires et les voies digestives. A Chaudes-Aigues on soigne les rhumatismes et les sciatiques, au Mont-Dore, les affections des voies respiratoires. Néris-les-Bains se consacre aux maladies neuropsychiatriques et Royat à l'appareil circulatoire. Vichy s'est spécialisé dans les affections du foie, de la vésicule, de la rate et dans les allergies de toutes sortes.

Sur l'itinéraire du GR 30, on pourra plus particulièrement s'intéresser au thermalisme à la Bourboule et à Saint-Nectaire. La Bourboule est la « capitale de l'allergie ». Des fouilles effectuées en 1820 pour la construction de l'établissement thermal attestent que les Romains connaissaient vraisemblablement les sources de la Bourboule. Dans les années 1865-1875, la station a été le siège d'une véritable « guerre des puits » qui a opposé la famille propriétaire des sources existantes et une association concessionnaire de la commune de Murat-le-Quaire. « De tous côtés on cherche les eaux minérales comme on cherche l'huile dans les villes à pétrole de l'Amérique », rapporte un témoin. Les sources de la Bourboule sont les plus arsénicales d'Europe (7 mg/l). Elles jaillissent à des températures de 60° C et sont employées pour soigner les maladies des voies respiratoires, les anémies, l'asthme, les allergies et les dermatoses. Les nombreux puits forés parfois à quelques mètres les uns des autres ont permis de multiplier les informations sur le sous-sol bourboulien.

Saint-Nectaire est riche d'une quarantaine de sources. Leur température va de 44° C à 16° C ; 19 sources dont le débit global avoisine 200 l/mn ont reçu l'autorisation d'exploitation. Plusieurs sources sourdent faiblement au niveau de la Couze ; fortement salines, elles imprègnent de sels les terrains en cuvette où des plantes halophiles semblables à celles des bords de mer se développent. Les propriétés thérapeutiques des sources de Saint-Nectaire concernent l'anémie et les affections du rein.

7 km • 2 h • Saint-Genès-Champespe • 1 014 m

A l'entrée de Saint-Genès-Champespe, le GR 30 suit le D 88 à droite, il passe devant le gîte d'étape, puis il emprunte vers l'est le D 614 sur 1,5 km ; obliquer à droite sur le chemin asphalté qui conduit au hameau des Broussoux puis celui de

⑰ 4 km • 1 h • le Lac • 1 040 m

> Hameau situé au nord-ouest du lac de la Landie.
> A l'est de Saint-Genès-Champespe, le GR 30 retrouve les coulées volcaniques se rattachant au massif des Monts-Dore. Le lac de la Landie occupe une dépression liée à l'action des glaciers quaternaires. Ses eaux pures et froides reposent sur un lit de roches basaltiques. Il reçoit un ruisseau d'un faible débit qui le traverse de bout en bout ; une tourbière s'est développée à l'entrée de celui-ci. Au déversoir, à l'angle sud-ouest, autre tourbière très typique et plus importante dont la surface est actuellement au moins supérieure de 1 mètre au niveau lacustre, ce qui laisse supposer que le niveau des eaux a beaucoup baissé. Une belle nupharaie s'est développée au large de la tourbière du déversoir et une forte végétation de plantes aquatiques croît au débouché du ruisseau.

Au hameau du Lac, face à une ferme à droite, traverser à gauche une zone herbeuse bordée d'arbustes. Poursuivre par un chemin souvent boueux, bordé de très vieux arbres et de vieux murs.
Ce chemin suit des crêtes et offre de vastes vues sur les massifs du Sancy au nord, et du Cantal au sud ; après une légère montée, il domine le lac de la Landie.
Il débouche parmi les ruines de l'ancien village de Régéat (très beaux murs de basalte).
Continuer tout droit ; le chemin sort du bois sur un espace gazonné et suit toujours la crête pour atteindre l'extrémité d'une petite route à proximité d'une ferme. Continuer en face sur un chemin de direction est.
Ce chemin se perd de temps en temps dans les prés et les pacages, mais il suit constamment la même orientation avant d'obliquer à gauche pour traverser le D 128 à 200 m environ au nord-ouest du hameau de la Renonfeyre. Le GR 30 pénètre dans les herbages de la montagne de Mouillat, secteur dans lequel le tracé est peu visible. On oblique sur la gauche (nord) pour gagner le hameau de la Chaux. Là, emprunter un chemin asphalté sur la droite. Le quitter pour suivre sur la droite un chemin creux qui longe la forêt de Montbert puis débouche sur le

7,5 km • 2 h • lac Chauvet • 1 162 m

A la buvette, au nord-ouest du lac Chauvet, le GR remonte légèrement dans la forêt de Montbert en direction du sud. A l'extrémité sud, on abandonne la rive pour s'orienter à l'est et sortir de la forêt.

A l'orée de la forêt, le GR 30 rencontre le **GR 4** arrivant par la droite d'Égliseneuve-d'Entraigues.

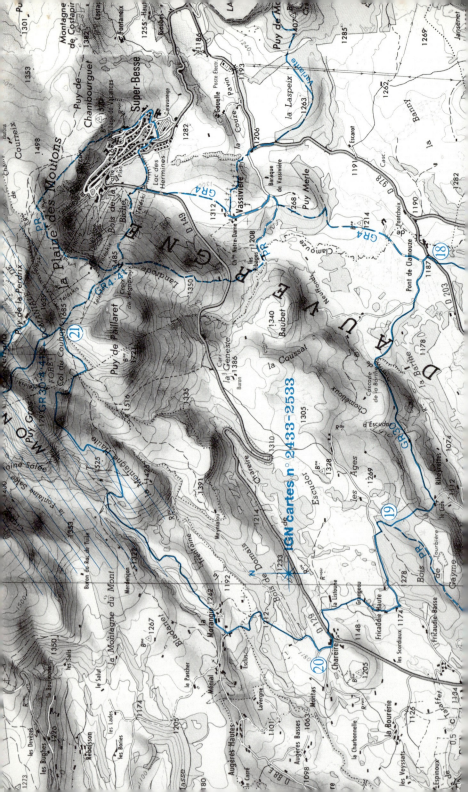

A l'orée de la forêt (jonction avec le GR 4), tourner à gauche direction nord. Le chemin longe une crête, laisse un buron à droite et atteint la

⑱ Route D 203 • 1 187 m

> Cette portion du GR 30 se déroule essentiellement sur les coulées basaltiques du massif montdorien. La ligne de partage des eaux entre la Dordogne et l'Allier se situe dans le voisinage immédiat du lac Chauvet : une tranchée de quelques mètres ouverte sur le col de Vassivière suffirait à détourner la Clamouze ou la Couze Pavin de leur cours naturel et à les faire changer de bassin.

Emprunter le D 203 à droite sur 100 m. A la première bifurcation, obliquer à gauche.

A l'intersection suivante, **séparation** du GR 30 et du GR 4 ; le GR 4 continue à droite vers Super-Besse.

Le GR 30 suit à gauche la petite route et 500 m plus loin, s'engage à gauche dans un chemin herbeux en bordure d'une plantation de résineux. Contourner la cascade de la Barthe située sur la gauche. Suivre les traces d'un chemin qui longe une hêtraie à gauche. Traverser le ruisseau d'Escudor. A travers pâturages, en franchissant des marchepieds, on gagne le Cros. Derrière la ferme, obliquer sur la droite et emprunter la prairie en longeant sur la gauche un ruisseau (passage marécageux).

En haut de la prairie, se diriger vers les sapins, puis suivre un muret de pierres. Sauter un autre muret, poursuivre par la droite. Arrivé à une clôture, la suivre par la gauche en montant sur 500 m. Tourner à gauche et emprunter une allée (piste de ski de fond) entre résineux, sur 300 m. On atteint, dans le **bois de Gayme**, un

⑲ 7,5 km • 2 h 15 • carrefour • 1 250 m

Hors GR : 30 mn • Picherande • 1 120 m

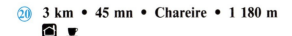

Suivre à gauche le PR indiqué sur la carte en tirets.

Au carrefour ⑲, le GR 30 tourne à droite pour traverser une esplanade herbeuse qui rejoint la route des Ages à Picherande. L'emprunter par la gauche sur 1 km. A Fricaudie-Haute, tourner à droite, longer deux fermes. Rejoindre Grangéou par un chemin de terre *(propriété privée : utiliser les marchepieds)*. Suivre la route d'accès.

Laisser la Listoune à droite et poursuivre par une petite route sur 200 m, puis tourner à gauche pour gagner

⑳ 3 km • 45 mn • Chareire • 1 180 m

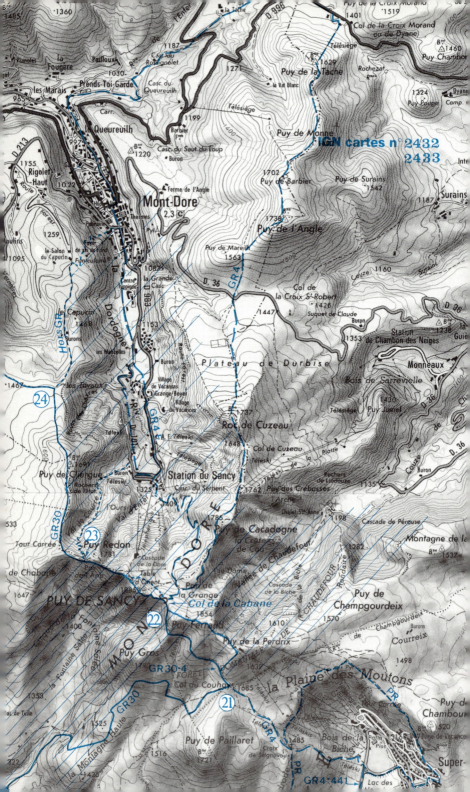

A **Chareire**, prendre la route de Montas à droite, puis tourner deux fois à droite pour atteindre l'orée du bois de Domais. Là, s'engager dans un chemin qui descend et traverse une clairière avant d'entrer de nouveau sous bois. A un carrefour de routes forestières, prendre celle d'en face jusqu'au pont sur la Trentaine. Passer une ferme, traverser la route et la quitter à droite avant le pont pour monter derrière le hameau de la Morangie. Prendre à gauche un large chemin qui monte dans une hêtraie. On débouche en bordure de la **vallée de la Fontaine Salée**.

> Cette vallée a été creusée par les glaciers du quaternaire, comme celle du Mont-Dore et de Chaudefour. Mais à la différence de ces deux dernières, la vallée de la Fontaine Salée, encore vierge de tout aménagement, n'est pas classée et se trouve aujourd'hui gravement menacée par les promoteurs. Pourtant ce site qui doit son nom aux nombreuses sources minérales qui y prennent naissance présente un caractère exceptionnel. Outre l'impression visuelle fournie, il présente à plus d'un titre, un grand intérêt éducatif et écologique :
>
> — Géologie : type même de la vallée glaciaire.
>
> — Flore : remarquable du fait de l'isolement de la vallée, de son orientation et de l'humidité importante qui y règne. Nombreux groupements végétaux originels intacts. Hétraies, saulaies et le cortège de plantes associées : scille-lys-jacinthe-luzule...
>
> — Faune : riche et variée. L'avifaune est spécifique de l'altitude : merle de roche, merle à plastron, cincle plongeur, accenteur alpin, pipit spioncelle... Les mammifères sont surtout représentés par un important troupeau de mouflons. La faune aquatique est de type torrenticole d'altitude. Intéressante faune de tourbière, variétés rares de papillons et coléoptères.

Le GR 30 monte en lacet jusqu'à la Montagne Haute. A une clôture, prendre la direction nord-est en traversant un éboulis vers le puy Gros au pied duquel on vire à droite dans le vallon. On rencontre bientôt un ruisseau. Suivre une clôture sur 50 m, la franchir et prendre un sentier sur le flanc du puy de Paillaret, qui mène au

㉑ 8 km • 2 h 45 • col du Couhay • 1 685 m

> **Par le GR 4 (à droite) : 30 mn • Super Besse • 1 316 m**
>
> 🏠 ⛺ 🍺 🍴 ✕ 🚌
>
> Voir le topo-guide du GR 4 *Hauts plateaux et monts d'Auvergne*.

Au col du Couhay, deux itinéraires possibles :

• Prendre à gauche la piste, puis suivre à gauche le chemin sur le flanc sud des puys de la Perdrix et Ferrand, laissant à gauche le puy Gros pour déboucher sur le col de la Cabane.	• Tourner à angle droit vers le nord pour gagner le sommet du puy de la Perdrix et, suivant la ligne des crêtes, rejoindre le puy Ferrand et descendre sur le col de la Cabane.

㉒ 2 km • 30 mn • col de la Cabane • 1 770 m

> La vallée de Chaudefour est un cirque glaciaire où l'érosion a laissé à vif le long des pentes boisées, un chaos de dykes, d'aiguilles découpées et rongées : l'Arche, le Chapial, la Dent de la Rancune, la crête de Coq. Cette vallée où s'élèvent quelques bâtiments abandonnés, possède des sources minérales et offre une flore et une faune particulièrement intéressantes qui lui valent d'être répertoriée comme site classé.

Au col de la Cabane, **séparation** du GR 4 et du GR 4 E.

> **Par le GR 4 E (à droite)**
>
> On peut gagner successivement :
>
> **45 mn • station du Sancy • 1 325 m**
> *Auberge de jeunesse.*
>
> **1 h 30 • le Mont-Dore • 1 050 m**
>
> Voir tracé sur carte en tirets.

Au col de la Cabane, on peut éviter de monter au puy de Sancy, en le contournant par sa base jusqu'au pas de l'Ane.

Le GR 30 monte en lacets au sommet du

1 km • 20 mn • puy de Sancy • 1 885 m

> L'appellation Sancy, relativement récente (19e siècle) serait une déformation de « pé de San Sixte » le puy de Saint-Sixte, car la paroisse de Saint-Donat y montait en procession le 6 août, jour de saint Sixte et veille de la saint Donat.
> Au nord du Puy de Sancy (1886 m) prend naissance un cirque glaciaire remarquable : celui de la Dordogne. Les pentes sont taillées dans la cinérite à blocs, entrelardées ou coiffées par des coulées formant falaises et hérissées de rochers en forme de murailles ; autour d'elles, l'érosion a déblayé la cinérite mais respecté la lave solidifiée, plus dure. Ainsi, profondément disséqué, le massif du Mont Dore ne correspond plus à l'image traditionnelle du volcan. Du Puy de Sancy au Puy de Chabane, la crête sépare deux beaux cirques glaciaires, celui de la Fontaine Salée et celui de la Dordogne.
> La Dordogne naît de l'union, presque à leur source de la Dore qui, par une magnifique cascade, s'échappe du marais situé au flanc du Sancy et de la Dogne venant du Puy de Cacadogne.

Le GR 30 descend au **pas de l'Ane**.

> **Hors GR :** à 300 m, gare d'arrivée du téléphérique du Mont-Dore *(bar-restaurant)*.

Au **pas de l'Ane**, emprunter à gauche la sente qui suit la crête séparant la vallée de la Fontaine Salée et la vallée du Mont-Dore. On atteint un

㉓ 1 km • 15 mn • col sous le puy Redon • 1 722 m

> **Hors GR :** 30 mn • station du Sancy • 1 325 m
> *Auberge de jeunesse.*
>
> Descendre à droite par le val de Courre.

A la Tour Carrée (proche du puy de Chabanne) obliquer plein nord pour suivre la crête bordant la vallée du Mont-Dore. Passer au puy de Cliergue, descendre encore 1 km et atteindre quelques bosquets et un

㉔ 2,5 km • 45 mn • carrefour de sentiers • 1 480 m

L'Auvergne bâtie de roches dures, assagie par le temps, ratatinée, méfiante, groupe horizontalement ses monts et ses massifs comme des moutons autour d'un pâtre, se remémore sans émotion le feu qui brûla sa poitrine, rentre son buste, étale à plat ses longs panoramas, et, se défiant des acrobaties qui lancent les pics à l'escalade des nuées, range sagement ses volcans refroidis comme des bols sur un égouttoir.

L'Auvergne demande à être vue comme une machine infernale. Il suffit de s'asseoir dans l'herbe et de regarder. A ces hauteurs, peu d'arbres. Vous découvrez toute l'ossature. Cela monte, cela s'abaisse, s'affaisse, s'effondre, remonte, là-bas pointe en orgues, s'incline, repart, moutonne : l'image même d'un beau chaos.

Des histoires, l'Auvergne en eut : péripéties en chaîne, catastrophes à la grosse : voila une terre qui ne s'est pas reposée tous les dimanches ; je parle des premiers temps et de la terre même qui n'est plus qu'une cicatrice. Mais quel visage !

Toutefois nul ne tirera de l'Auvergne tout le plaisir possible, s'il ne sait un peu, et s'il n'imagine beaucoup.

C'est que pas un pouce de terrain ne fut épargné. Il y eut des jours, des siècles, où tous les volcans, Dôme, Dore, Cantal, donnaient de la voix tous ensemble. Mille bouches à feu, toutes ensemble, à tire-que-veux-tu, de l'aube d'un siècle au crépuscule d'un autre siècle. Authentique ! Fracassant ! Fumant ! Vitrifiant !

G. Conchon

㉔ **2,5 km • 45 mn • carrefour de sentiers • 1 480 m**

> **Hors GR : 45 mn • le Mont-Dore • 1 050 m**
> 🏠 ⛺ ☕ 🛒 ✕ i 🚆
>
> Descendre en face par le sentier passant au Capucin et au Salon du Capucin *(bar-restaurant)*.

Au carrefour de sentiers ㉔, le GR 30 oblique à gauche (ouest) sur une trace grimpant sur la montagne de Bozat. On arrive à une clôture.

⚠ Le GR traverse une propriété privée jusqu'au D 213. Le passage a été autorisé uniquement aux randonneurs pédestres. Bien suivre le balisage et refermer les barrières (attention au bétail en estive). Les bâtiments existants sont en très mauvais état et ne peuvent pas servir d'abri. Le maintien du droit de passage tient au strict respect de ces conditions.

Franchir la clôture ; la sente redescend, passe non loin d'un buron et rejoint la lisière de la forêt. Franchir la chicane puis suivre le chemin privé en forêt jusqu'à la route D 213.

Juste avant celle-ci, prendre le chemin à droite et, 100 m plus loin, le quitter pour une sente à gauche qui passe près d'un réservoir, remonte en forêt, puis revient traverser la route sur le plateau de Chamablanc. Poursuivre en face par un chemin et, 200 m plus loin, obliquer à droite. Passer devant une grange. Après une courte descente et un virage, quitter le chemin pour une sente en face qui descend au

㉕ **7 km • 2 h • Gibeaudet**

> Les bois de Gibeaudet, nous restituent, les beautés profondes et mystérieuses, qu'un lointain passé volcanique y avait déposé...
> Entouré, au 14ᵉ siècle, de villages prospères, ce bois fut sans doute un lieu de passage, dont on retrouve la trace dans les chroniques de Froissard (siège de Vendeix).
> Plus tard, des hommes y construisirent de solides burons en pierres dont la fierté était la cheminée parfois sculptée. A l'abri derrière ces mur épais, la journée finie, hommes et bêtes prenaient un repos bien mérité. Tout laisse croire qu'il s'agissait de bûcherons qui sortaient les arbres avec leurs bœufs et devaient séjourner sur le lieu d'exploitation plusieurs semaines.
> De ce lointain passé, parmi ces burons, celui de Gibeaudet restauré, perpétue les traditions d'hospitalité. C'est un lieu de rencontre, de réflexion, au milieu d'une nature intacte.

> **Hors GR : 45 mn • la Bourboule-centre**
> 🏠 ⛺ ☕ 🛒 ✕ 🚆
>
> Descendre par le chemin du Prégnoux.

Le GR 30 tourne à droite dans le chemin qui descend au ruisseau des Vernières. Le franchir et suivre à gauche le chemin qui passe devant un chalet, au niveau des accès aux cascades de la Vernière et du Plat à Barbe. On atteint le

① **1,5 km • 20 mn • D 130 • 855 m**
⛺

Index des noms de lieux

Aydat (lac, village) 31	Landie (lac de la) 55
Besse-en-Chandesse 39	Laspialade (lac de) 51
Bourboule (la) 21, 63	Leylavaux 39
Brion 45	Mazeyres (puy) 37
Cabane (col de la) 59	Montagne Haute (la) 59
Cassière (la) 29	Montcineyre (lac et puy de) ... 43
Chabrol 51	Mont-Dore (le) 60, 63
Chambon (lac) 39	Montlosier (château de) 29
Chareire 57	Murol 37
Chaumiane 43	Neuville 27
Chauvet (lac) 55	Olloix 33
Chirouzes (les) 49	Orcival 27
Compains 43	Pavin (lac) 43
Cordès (château) 27	Pessade 23
Couhay (col de) 59	Phialeix 33
Courbanges 39	Picherande 57
Cournols 33	Poudure 31
Crégut (lac de la) 51	Pregnoux (le) 63
Égliseneuve-d'Entraigues 49	Redon (puy) 61
Esclauze (lac de l') 49	Rouillat-Bas 31
Espinchal 49	Sancy (puy de) 60
Gibeaudet (le) 63	Servières (lac) 23
Godivelle (la) 45	Saint-Genès-Champespe 55
Guéry (lac de) 23	Saint-Nectaire 37
Janson (montagne de) 45	Super-Besse 59

La loi du 11 mars 1957, n'autorisant aux termes des alinés 2 et 3 de l'article 41, d'une part, que les copies ou reproductons strictement réservées à l'usage privé du copiste et non destinées à une utilisation collective, et, d'autre part, que les analyses et courtes citations dans un but d'exemple et d'illustration, toute représentation ou reproduction intégrale ou partielle, faite sans le consentement de l'auteur, de ses ayants droit ou ayants cause, est illicite (alinéa 1er de l'article 40).
Cette représentation ou reproduction, par quelque procédé que ce soit, constituerait donc une contrefaçon sanctionnée par les articles 425 et suivants du Code pénal.
Les extraits de cartes figurant dans cet ouvrage sont autorisés par l'Institut Géographique National.
Le tracé de l'itinéraire sur les fonds de carte IGN et les photos de couverture sont la propriété de l'éditeur.
L'utilisation sans autorisation des marques et logos déposés ferait l'objet de poursuite en contrefaçon de marques par la FFRP-CNSGR.

8e édition : juillet 1993
Auteur : FFRP-CNSGR
© FFRP-CNSGR 1993 - © IGN 1993
Dépôt légal : juillet 1993 - Imprimerie Corlet, Condé-sur-Noireau